UNIVERSITÉ DE FRANCE.

ACADÉMIE DE STRASBOURG.

DE
L'ACTION PAULIENNE
EN MATIÈRE CIVILE.

THÈSE POUR LE DOCTORAT

SOUTENUE A LA FACULTÉ DE DROIT DE STRASBOURG ,

LE LUNDI 4 AOUT 1851, A 3 HEURES ,

PAR

ÉMILE ACKERMANN,

AVOCAT.

STRASBOURG,

IMPRIMERIE HUDER , RUE DES VEAUX , 27.

1851.

FACULTÉ DE DROIT DE STRASBOURG.

PROFESSEURS.

MM. RAUTER ✳, doyen . . . . Droit criminel et procédure civile.
HEPP ✳ . . . . Droit des gens.
HEIMBURGER . . . . Droit romain.
THIÉRIET ✳ . . . . Droit commercial.
AUBRY ✳ . . . . Droit civil.
SCHÜTZENBERGER ✳ . . . Droit administratif.
RAU ✳ . . . . Droit civil.
ESCHBACH . . . . Droit civil.

BLOECHEL ✳ . . . . professeur honoraire.

DESTRAIS. . . . . professeur suppléant.
LUQUIAU . . . . professeur suppléant.

M. WERNERT, secrétaire, agent comptable.

COMMISSION D'EXAMEN.

MM. AUBRY, président.

SCHÜTZENBERGER,
RAU,
ESCHBACH, } suffragants.
LUQUIAU,

*La faculté n'entend approuver ni désapprouver les opinions
particulières au candidat.*

SOMMAIRE.

DE L'ACTION PAULIENNE

EN MATIÈRE CIVILE.

I.

Les temps primitifs n'ont que des chaînes et des supplices
pour celui qui ne remplit pas ses engagements; les lois qui
viennent ensuite, dictées par l'humanité et le sentiment de la
dignité individuelle, savent apprécier ce que valent la personne
et la liberté de l'homme; elles n'osent plus en faire à tout propos le gage des stipulations pécuniaires : le patrimoine du débiteur répondra pour lui.

Garantie trop souvent illusoire! Le débiteur est si rusé, si
adroit; il sait si bien se faire pauvre au besoin, pour dissimu-
ler une ressource dernière qui lui reste; et malheureusement,
dans cette lutte opiniâtre, il est trop souvent vainqueur d'un
adversaire qu'il a su décourager par son adresse ou attendrir
par ses larmes.

Ses biens sont devenus, en réalité ou en apparence, la propriété des tiers; leurs oppositions paralysent toutes les saisies

1

Il fallait empêcher cette disposition d'être illusoire, et le débiteur de se constituer volontairement en état d'insolvabilité absolue; il fallait des mesures contre la fraude, des voies de recours contre les actes frauduleux accomplis, en un mot, il fallait une action révocatoire et le préteur trouva dans une loi rendue sous Auguste, un exemple qu'il se hâta d'imiter.

Les victoires de la République avaient inondé Rome et l'Italie d'esclaves. Partout les vaincus avaient été forcés de quitter leur patrie pour venir grossir le cortége des vainqueurs et embellir leurs triomphes. Employés comme bêtes de somme ou instruments mécaniques, ils accusaient un luxe stérile en même temps qu'ils témoignaient de l'absence de cette industrie, qui fait la gloire et l'honneur de nos temps modernes.

Leur nombre était immense; celui des affranchissements ne l'était pas moins. Le citoyen romain affranchissait alors afin de se créer une nombreuse troupe de clients, chargés de le suivre au Forum; il affranchissait aussi dans son testament, par cette ostentation d'outre tombe que les Romains appréciaient tant, afin qu'un long cortège coiffé du bonnet de la liberté, selon l'expression colorée de M. Ortolan, suivît le char funéraire, attestant la richesse et la générosité du défunt.

Jaloux encore de l'exercice de ces droits de citoyen romain, qui pourtant étaient tombés si bas, les empereurs cherchèrent à mettre un terme à ces affranchissements multipliés : tel fut le but de la loi *Ælia Sentia* (757), *Fusia Caninia* (761) et *Julia Norbana* (772), rendues les deux premières sous Auguste, et la dernière sous Tibere. C'est dans la loi *Ælia Sentia,* que nous trouvons le germe de l'action révocatoire : l'affranchissement fait en fraude des droits des créanciers est nul; le débiteur affranchit en fraude de ses créanciers, lorsqu'il est déjà insolvable, ou qu'il doit le devenir par cet acte : il faut en outre qu'il y ait eu l'intention de nuire.

Ce sont bien là les caractères de l'action paulienne tels que nous allons la voir apparaître, mais c'étaient des considérations exclusivement politiques qui avaient guidé le législateur. Le germe de l'action révocatoire se développa rapidement; et le droit honoraire sût le féconder en construisant pour certains cas spéciaux d'aliénations frauduleuses une *rei vindicatio* construite à l'image de celle de la loi *Ælia Sentia,* sur une formule fictice. Plus tard, elle se généralisa davantage encore et devint une action *in factum,* nom sous lequel la désignent d'ordinaire les jurisconsultes du Digeste.

Deux sectes célèbres divisaient les jurisconsultes des deux premiers siècles de l'Ère chrétienne: l'école de Labéon, de Proculus, d'une part, nourrie dans les principes de la philosophie grecque et surtout de celle de Zénon à laquelle elle avait emprunté sa morale et plus encore sa dialectique inflexible; de l'autre l'école de Capiton et de Sabinus, qui représentait le parti conservateur, fidèle au droit ancien et à la législation existante : *in his quæ ei tradita fuerant perseverabat,* dit Pomponius. Les Proculéiens accueillirent avec empressement une règle qui avait pour but de briser les langes du droit primitif et, jurisconsultes philosophes, ils développèrent ce germe fécond, que l'homme d'État avait jeté dans la loi *Ælia Sentia:*

Le titre 8, livre 42, du Digeste, se compose presqu'exclusivement de leurs travaux. C'est Labéon, qui déclare l'action paulienne recevable contre le maître de l'esclave qui a pris part à la fraude et contre la pupille *in eo quod ad eum pervenit* (L. 6 §§ 10 et 12), c'est lui qui déclare les payements faits de bonne foi par le débiteur à quelques-uns de ses créanciers, à l'abri de l'action révocatoire (L. 6 § 6). C'est Proculus qui révoque la vente frauduleuse, même dans le cas où le débiteur ne peut rendre au tiers-acquéreur le prix qu'il a versé (L. 7): c'est encore Proculus qui veut poursuivre les biens frauduleusement aliénés, même entre les mains des sous-acquéreurs à titre onéreux et de bonne foi, mais ici cette décision, juste peut-être *in apicibus juris,* est repoussée par l'école de Sabinus, et ce cas est un exemple unique dans cette matière de la préférence donnée à leur opinion (L. 9). Nous verrons de nos jours reproduire cette théorie que la Cour de cassation a rejetée comme Ulpien et Justinien l'avaient fait avant elle (Req. 24 mars 1830. Dall. 30, 1, 180. — Req. 6 juin 1849. Dall. 49, 1, 325). Les ouvrages de Scævola, Paul et Ulpien, contenaient de nombreuses décisions sur tous les cas de révocation possibles ; l'Edit lui avait consacré plusieurs titres (66... 75?) Justinien lui donna une place étendue dans son Digeste et dans son Code.

A côté de l'action paulienne, peut-être avant elle, était né un interdit fraudatoire, dont Ulpien nous parle dans son commentaire sur le livre 75 de l'Edit (L. 10. D. h. t.). Quel était son but? En quoi se distinguait-il de l'action paulienne elle-même? C'est un point que les auteurs n'ont jamais pu éclaircir. Walter (§ 719), semble admettre que l'action paulienne n'avait pour but que les dommages-intérêts, et l'interdit fraudatoire la restitution même de la chose : «*Aus betrüglichen Veräusserungen*, dit-il, *vor und während der Immission enstand die paulianische Klage auf Ersatz und das fraudatorische Interdikt auf Restitution.*» Cette opinion n'a pas réuni un grand nombre de partisans ; elle semble en opposition formelle avec les textes du Digeste et du Code.

III.

Le droit intermédiaire admit l'action paulienne ; mais il lui fit subir des modifications profondes. La loi romaine, trop subtile peut-être, défendait aux créanciers d'attaquer la renonciation à une succession ; le droit intermédiaire le permit : il soumit à la même règle la renonciation à un usufruit et à une substitution, et nos coutumes étendirent ce principe à la renonciation à la communauté.

Pendant que l'action révocatoire changeait de terrain, ses principes se transformaient également. Gaius, dans son Livre d'Or, s'était déjà demandé si les créanciers ne devaient pas être autorisés à agir, par cela seul qu'il y aurait préjudice, et sans qu'il y eut intention préméditée de nuire; son opinion n'avait pas été admise (Ducauroy, I, 88. Troplong, sur l'art. 2225. L. 10, D. 40, 9). Elle reparut dans nos anciens auteurs à l'occasion des renonciations, et tandis que Furgole soutenait que le simple préjudice devait suffire, que la fraude était toujours présumée, et que l'on ne pouvait combattre cette présomption, Ricard et Pothier suivaient scrupuleusement les principes du Droit romain dans toute sa pureté. Nous aurons bientôt à rechercher l'influence des principes de ces deux écoles sur les rédacteurs du Code civil.

Quant à l'action paulienne elle-même, telle que le préteur l'avait créée, elle était, sinon détruite, au moins tombée en désuétude. Boutaric et de Serres, qui appartenaient pourtant aux pays de droit écrit, se contentent de mentionner, à côté des principes nouveaux qui régissaient les renonciations, quelques règles spéciales et nouvelles sur les actes frauduleux en matière de faillite. Domat, qui appartient à la même école, nous donne une longue paraphrase du titre *Quæ in fraudem*, en ayant soin de nous avertir que l'action paulienne est d'un usage restreint. Pothier lui consacre à peine quelques lignes dans son Traité des obligations (n° 153); beaucoup d'autres, tout en disant que le Droit français donne plus d'étendue à l'action révocatoire que n'en donnait le Droit romain, se bornent à reproduire les règles nouvelles sur les renonciations; enfin nous allons la voir reniée formellement par certains auteurs. «Le titre : *Quæ in fraudem*, nous dit Lebrun, qui écrivait au commencement du xviiie siècle, n'est pas d'un grand usage parmi nous.» Rousseau de Lacombe (*Jurispr. civ.*, v° Fraude) répétait cinquante ans plus tard : «Nous ne suivons en aucun point les titres : *Quæ in fraudem*, au Digeste, et *De his revocandis*, au Code; nous n'avons d'autres moyens de nous garantir contre les aliénations faites par les débiteurs, en fraude des droits de leurs créanciers, que l'action en déclaration d'hypothèque pour les fonds, les oppositions, etc...; nos usages sont même contradictoirement opposés aux lois romaines en ce point. Nous accordons au créancier la faculté d'accepter à ses risques une succession, un legs auquel son débiteur a renoncé, contre la loi 6 et 134 de R. J. »

Merlin ne partage pas cette opinion (Quest., v° *Exprop.*); mais le fait seul de cette discussion est important à constater. Qu'était-ce donc que cette action dont l'existence était mise en doute par les auteurs les plus estimables, et dont les principes ne se trouvaient nulle part? Ne pouvons-nous pas conclure qu'il n'existait que quelques règles relatives aux renonciations, corollaire indispensable de la subrogation judiciaire, quelques dispositions exceptionnelles en matière de faillite, empruntées non pas à la loi romaine, mais au règlement de la place de Lyon du 2 juin 1667, et que l'ancienne action paulienne était tombée dans une léthargie dont les rédacteurs du Code seuls ont su la tirer, en inscrivant avec un laconisme regrettable sa formule dans l'art. 1167?

IV.

Quelle est la nature de l'action paulienne? — Cette question a donné lieu à des discussions bien vives; elle a fait naître les systèmes les plus étranges et les plus contradictoires; mais pas plus en Droit romain que chez nous les jurisconsultes n'ont pu tomber d'accord. L'action paulienne rangée dans maint passage du Digeste au nombre des actions personnelles, a pris place sous la plume de Tribonien parmi les actions réelles prétoriennes dont il fait l'énumération dans les Institutes (§ 6. Inst. IV. t. 6). Cette contradiction a causé le tourment de tous les interprètes du Droit romain qui ont tenté de l'expliquer.

Les uns se sont appuyés sur le Digeste (L. 38. *de usur.* 42) pour décider que l'action paulienne était personnelle. C'est

Doneau, c'est Vinnius, Voët, Heineccius, Thibaut et d'autres encore. L'action paulienne, disent-ils, prend sa source dans un délit; le créancier ne revendique pas la chose aliénée comme sa propriété; il peut poursuivre ses héritiers en vertu de leur titre; enfin la loi 38 au Digeste *de usur.*, la met à côté des actions Favienne et Calvitienne, qui toutes deux sont personnelles; donc elle ne saurait être réelle. Nous verrons ce système reproduit par nos jurisconsultes français. Ce sera le moment de le discuter.

Restait aux auteurs dont nous exposons le système à expliquer le paragraphe 6 des Institutes qui qualifie l'action paulienne de réelle : ici il n'y a plus d'accord possible.

Vinnius prétend que l'action dont parlent les Institutes est bien l'action paulienne personnelle du Digeste, et que si Tribonien l'a placée dans les Institutes à la suite des actions prétoriennes *in rem*, c'est uniquement à cause de sa similitude avec l'action rescisoire dont il vient de s'occuper dans le paragraphe précédent; car, dit-il, cette dernière a pour but de faire rescinder l'usucapion accomplie, de même que l'action paulienne tend à faire rescinder la tradition. Heineccius (§ 1141) après avoir qualifié l'action paulienne des Institutes d'action purement personnelle *(mere personalis)*, ajoute dans une note qu'elle est pourtant en quelque sorte réelle..., explication à laquelle il ne manque qu'une chose, c'est d'être intelligible.

D'autres enfin soutiennent que dans le § 6 des Institutes, il ne s'agit pas de l'action paulienne mais de l'action hypothécaire, au moyen de laquelle on révoque l'aliénation des biens frappés du gage prétorien. C'est le système de Doneau, de Hunius, de Forster et de Ludwell. Tous ces auteurs ont compris que le § 6 des Institutes était un écueil contre lequel leur théorie viendrait se briser.

Répondons à Doneau. Le système de l'identité de l'action révocatoire des Institutes avec l'action hypothécaire, abandonné depuis longtemps, ne saurait soutenir un examen sérieux. Cette action, que l'on veut présenter comme une action hypothécaire, se rapporte parfaitement à la définition de l'action paulienne du Digeste. Ensuite elle se fonde sur une fiction; le préteur suppose que la tradition n'a pas eu lieu, *rem traditam non esse*. L'action quasi-servienne, au contraire, ne repose sur aucune fiction de ce genre : le créancier suit la chose en vertu du droit réel qu'il a acquis. Il n'attaque pas l'aliénation, il ne dit pas que la propriété n'a pas été transférée à l'acheteur ; il faudrait pour cela supposer que le débiteur n'avait plus le droit de vendre ses biens ; le créancier prétend seulement que son débiteur n'a pu transférer plus de droits qu'il n'en avait lui-même. Enfin, il faudrait supposer qu'outre l'action servienne et quasi-servienne, il y a une autre action hypothécaire : Les textes n'en font aucune mention. Le système de Doneau n'est donc pas acceptable. Quant à celui de Vinnius qui repose sur une inconséquence commise par Tribonien, c'est un de ces moyens faciles de sortir d'embarras, trop souvent employé par les interprètes du Droit romain. Tribonien n'est pas responsable fort heureusement de toutes les interpolations et de toutes les erreurs dont on l'accuse, ou que l'on commet en son nom, et son œuvre survivra longtemps encore à toutes les critiques dont elle a été l'objet.

Il est bien évident que l'action paulienne des Institutes est une action réelle : la rubrique sous laquelle Tribonien l'a rangée, l'indique déjà ; les termes dont il se sert, le but qu'il veut atteindre le prouvent jusqu'à la dernière évidence : *Permittitur ipsis creditoribus rescissa traditione, eam rem petere, id est dicere, eam rem traditam non esse, et ob id in bonis debitoris mansisse*. On ne peut indiquer d'une manière plus précise le caractère de réalité d'une action : c'est bien une question de propriété que le juge a à résoudre, c'est une *rei vindicatio* construite sur une formule fictice ; et nous savons que ces actions sont toutes réelles.

Les auteurs qui, s'appuyant uniquement sur les Institutes et sur la paraphrase de Théophile, veulent trouver dans l'action paulienne une action exclusivement réelle, tombent dans le même embarras en présence de la loi 17 au Digeste h. t. ou de tout autre texte concernant la révocation d'un droit personnel dont le débiteur s'est dépouillé en fraude de ses créanciers : Il n'y a ni droit réel aliéné, ni revendication possible, et l'action qui a pour but de faire revivre une obligation éteinte ne saurait être une action réelle.

Entre ces deux opinions extrêmes s'est formé un parti intermédiaire qui admet deux actions pauliennes, l'une réelle et l'autre personnelle ; mais quand il faut expliquer leur concours, commence la divergence. Hahn et Strycke (§ 5 h. t.) établissent une distinction entre les aliénations frauduleuses faites par le débiteur suivant qu'elles ont précédé ou suivi l'envoi en possession. Dans le premier cas, ils regardent toujours l'action paulienne comme personnelle, et dans le second comme réelle. Leur théorie repose sur le gage prétorien dont l'envoi en possession frappe les biens du débiteur : aussi, pour expliquer la réalité de l'action paulienne dans le § 6 des Institutes, ces interprètes supposent que l'aliénation est postérieure à l'envoi en possession. Ils tombent évidemment dans la même erreur que Doneau en confondant l'action paulienne avec l'action hypothécaire. Ces deux actions sont complètement indépendantes l'une de l'autre : elles peuvent exister simultanément, mais leurs conditions de recevabilité, leur principe, diffèrent essentiellement ; nous l'avons établi plus haut.

D'autres auteurs admettent également deux actions pauliennes : l'une, réelle, s'appliquant uniquement à la rescision des aliénations ; l'autre, personnelle, plus générale, se référant non-seulement aux aliénations, mais encore à tous autres actes, tels qu'obligations, libérations, etc., mais ils n'expliquent pas d'une manière uniforme la naissance de ces deux actions.

MM. Bonjean (II, 165) et Capmas (p. 14) se fondant sur la répugnance des jurisconsultes antérieurs à Ulpien, à donner aux actions rescisoires ou résolutoires un caractère réel, admettent que l'action paulienne était personnelle dans le principe, et que ce n'est que vers le m^e siècle, que sous l'influence des travaux d'Ulpien, elle s'est transformée en action réelle pour certains cas déterminés [1]. D'autres, et M. Ortolan est du nombre, soutiennent au contraire, que l'action paulienne réelle naquit la première, et que, devenue moins fréquente de jour en jour, elle a fait place à l'action personnelle qui offrait avantage de s'adresser même à ceux qui ne possédaient plus.

Sans me prononcer formellement sur une question aussi grave, je suis assez porté à ne voir dans l'action paulienne primitive qu'une *rei vindicatio*, construite sur une formule fictive, à l'image de celle que la loi civile avait créé par la loi *Ælia Sentia*, action qui s'est insensiblement développée, qui s'est appliquée aux obligations comme aux aliénations et qui a fini par embrasser la généralité des actes frauduleux qui avaient pu être commis. Je pense, qu'à partir de ce moment, elle a cessé d'être une action exclusivement réelle, mais que sa nature ne se détermina plus que d'après la nature du droit dont le débiteur avait frauduleusement disposé. Réelle toutes les fois que le débiteur avait disposé d'un *jus in re* comme dans le § 6 des Institutes, ou bien encore dans le cas des lois 2 et 18, Dig. h. t., elle devint personnelle, quand le débiteur avait fait sortir de son patrimoine un *jus in personam*, parce qu'alors elle n'avait plus d'autre but que de faire revivre l'obligation primitive. L'*intentio* de la formule, qui nous sert toujours à

---

1. M. Capmas (p. 72) trouve un nouvel argument en faveur de ce système dans le silence de Gaius qui dans ses Institutes (VI. 36) fait une énumération des actions prétoriennes *in rem*, analogue à celle de Justinien. En admettant que le manuscrit de Vérone ne contienne aucune lacune sur ces matières importantes, il est bon de remarquer que l'énumération de Gaius est fort incomplète, qu'il cite des exemples plus qu'il n'établit une nomenclature, et qu'il ne consacre que cinq ou six mots à la Publicienne. Faut-il s'étonner de son silence sur l'action paulienne, et en tirer une conséquence aussi grave?

déterminer la nature de l'action, ne portait plus sur une question de propriété : Le préteur ne pouvait plus dire : « *Si paret eam rem traditam non esse, et ob id bonis* AULI AGERII *debitoris mansisse.* » L'*intentio* ne portait plus que sur une question relative à un droit personnel. Le débiteur avait-il libéré l'un de ses débiteurs en lui donnant quittance, ou en s'engageant en vertu d'un pacte à ne rien exiger de lui, le préteur disait que l'obligation n'était pas éteinte, qu'elle subsistait toujours ; et *l'intentio* de la formule devait se rédiger en ces termes : *Si paret N. N. liberatum non fuisse et ob id A. A. sestertium X millia dare oportere.* (L. 17.p. L. 10. § 22. L. 14 D. h. t.)

L'action paulienne devenait encore personnelle, bien que le droit aliéné fut un droit réel, quand elle était dirigée contre des acquéreurs de mauvaise foi ou des donataires qui avaient cessé de posséder pour avoir transmis la chose à un tiers-acquéreur de bonne foi et à titre onéreux, et quand c'était un fils de famille ou un esclave qui avait traité avec le débiteur. Dans ce cas, le père de famille et le maître de l'esclave, s'ils n'avaient point participé à la fraude, n'étaient tenus que jusqu'à concurrence du profit qu'ils avaient retiré de l'acte frauduleux, ou de la valeur du pécule du fils ou de l'esclave (L. 6 § 12).

Il en était de même quand elle était dirigée contre les héritiers de ceux qui avaient pris part à l'acte frauduleux. Dans cette hypothèse comme dans les précédentes, l'action paulienne réelle à son point de départ devenait purement personnelle quand ceux que nous avons énuméré ne possédaient plus : elle se transformait alors forcément en une simple demande en dommages-intérêts dont le chiffre était déterminé par le profit que le défendeur avait retiré de l'opération.

V.

Les rédacteurs du Code civil connaissaient les discussions que je viens de rappeler et les systèmes qu'elles avaient fait naître ; ils auraient dû trancher une aussi grave question : ils ne l'ont pas fait. Le silence de la loi devait avoir pour résultat de ranimer la lutte, et c'est ce qui est arrivé.

Quelques auteurs, tels que MM. Toullier, Duranton, Chardon et Marcadé, n'ont pas résolu la question d'une manière directe, et ce n'est que par les solutions qu'ils donnent sur certains points spéciaux, que l'on peut connaître ou plutôt deviner leur pensée. Quant à ceux qui l'ont traitée, il n'en est aucun à ma connaissance qui ait considéré l'action révocatoire du Code civil comme exclusivement réelle. Tous s'accordent à reconnaître qu'appliquée à une obligation, à un droit *in personam*, l'action sera purement personnelle. C'est lorsqu'il s'agit d'un droit réel, et surtout d'un droit réel immobilier, que les avis diffèrent ; alors surtout l'opinion que l'on adopte prend de l'importance, à cause de la question de compétence qui s'y rattache. Dans ce cas, l'action révocatoire serait personnelle, d'après MM. Bonjean et Capmas ; elle serait mixte, selon MM. Proud'hon, Dalloz aîné, tandis que MM. Aubry et Rau, fidèles aux traditions du Droit romain, continuent à n'y voir qu'une action purement réelle. Nous allons parcourir ces systèmes et les discuter.

L'action paulienne est-elle exclusivement personnelle ? Voici le raisonnement de M. Capmas : « La cause de l'obligation sur « laquelle se fonde le droit du créancier est le dommage qu'il « a éprouvé et dont il a droit de demander la réparation non « seulement au débiteur ou à ses héritiers, qui peuvent être « insolvables, mais encore aux complices de ce débiteur, à leurs « héritiers et à tous ceux qui se sont enrichis *injustement* par « suite de ces fraudes. Cette action est toujours fondée ou sur « le principe de l'art. 1382, ou sur cette règle éminemment « équitable, que nul ne doit s'enrichir *injustement* aux dépens « d'autrui (p. 44). » C'est là l'argument fondamental du système de M. Capmas ; tous les autres n'en sont que la reproduction ou les conséquences (p. 44, 76, 78, 79, 104). Vis-à-vis des acquéreurs à titre onéreux et des donataires de mauvaise foi, M. Capmas invoque l'art. 1382; vis-à-vis des donataires de bonne foi, la maxime : «nul ne doit s'enrichir injustement aux dépens d'autrui»; il faut donc prouver qu'il y a préjudice injustement causé aux créanciers, bénéfice injustement acquis par le donataire.

M. Capmas le soutient; mais en confondant deux choses parfaitement distinctes et régies par des principes bien différents, *la lésion d'intérêts* et *la lésion de droits*. Il y a lésion d'intérêts toutes les fois que, me renfermant dans l'exercice de mes droits, sans violer ceux des autres, je leur cause quelque préjudice. Pour me procurer de l'eau, je fais creuser dans ma cour, et ces fouilles ont pour effet de tarir la source qui alimentait le puits de mon voisin : y a-t-il là préjudice injuste, et pourrait-on appliquer la maxime : *Nemo ex damno alterius locupletior fieri debet?* Non; mon voisin a éprouvé une perte, tandis que j'ai augmenté la valeur de mon immeuble à ses dépens; cela est vrai; mais je n'ai fait qu'user de mon droit, et l'on applique la règle . *Neminem lædere videtur qui jure suo utitur.* Voici la lésion d'intérêts.

Supposons maintenant que je me sois servi des matériaux d'autrui pour élever une construction sur mon terrain. Je me serai enrichi aux dépens du propriétaire des matériaux; il y aura là de ma part un fait dommageable pour lui; il y aura de plus violation de son droit de propriété. Je lui devrai réparation du préjudice injustement causé; car *nemo ex damno alterius locupletior fieri debet,* ce qui doit s'entendre en ce sens que l'on ne doit pas s'enrichir aux dépens d'autrui, quand ce n'est pas dans le strict exercice des droits que la loi vous accorde. Voilà la lésion de droits.

Cela posé, dans quelle classe rangerons-nous le donataire de bonne foi vis-à-vis du débiteur, qui se dépouille en fraude de ses créanciers. Il avait le droit de recevoir; M. Capmas est obligé d'en convenir; il est obligé d'admettre qu'il ne s'était opéré aucun désaisissement dans la personne du débiteur, que ce dernier pouvait disposer de la totalité de ses biens, même en fraude de ses créanciers ! Admettre le moindre droit réel, comme nous le ferons bientôt, suffirait pour détruire le système que nous discutons. Or, si le donataire a eu le droit de recevoir et le débiteur celui de donner valablement, le donataire est resté dans les limites que lui traçait la loi ; il a nui aux créanciers de son débiteur, mais il a lésé leurs intérêts et non leurs droits, et nous appliquerons non pas la maxime : *Nemo ex damno alterius*, mais cette autre : *Neminem lœdere videtur qui jure suo utitur.*

Si cette argumentation repose sur les véritables principes, il est impossible à M. Capmas de justifier avec son système la recevabilité de l'action paulienne vis-à-vis des donataires de bonne foi ; partant, sa théorie n'a plus de base.

M. Capmas continue son argumentation (p. 77), en posant comme règle, qui n'a pas besoin de démonstration, que l'action révocatoire est bien une action réelle en matière de faillite, mais que ces dispositions tout exceptionnelles ne sont pas susceptibles d'extension. Il avance ensuite (p. 78), sans l'établir davantage, que, dans un très-grand nombre de cas, et par la force même des choses, l'action sera personnelle et ne sera que personnelle, et que la loi ne distinguant pas, elle doit, à moins d'une disposition spéciale et exceptionnelle, conserver ce caractère. Cet argument me semble obscur ; en tout cas, il s'appuie sur les conséquences d'un principe supposé juste, pour prouver la justesse du principe lui-même.

M. Capmas cherche encore à s'appuyer (p. 78) sur les mots *en leur nom personnel* de l'art. 1167. Il veut y voir la source d'un droit purement personnel, créé en leur faveur par le législateur, et prenant sa raison d'être dans la complicité de fraude ou dans le préjudice injustement causé. Les mots *en leur nom personnel* n'ont pas le moins du monde pour but de trancher la question qui nous occupe, mais bien d'indiquer clairement la différence des art. 1166 et 1167, de l'action en subrogation et de l'action révocatoire. Le créancier hypothé- caire aussi, agit en vertu d'un droit qui lui est personnel, et pourtant l'action hypothécaire a toujours été considérée comme une action réelle! Tous ces arguments n'ont qu'une valeur se- condaire, et la base du système venant à manquer, les entraîne tous dans sa chute.

L'action paulienne n'est donc ni exclusivement réelle, ni ex- clusivement personnelle; je pense qu'en lui laissant son carac- tère personnel quand elle a pour but de faire révoquer l'alié- nation d'un droit de cette nature, ou que l'on attaque l'aliénation d'un droit réel et qu'on la dirige soit contre ceux qui ne possèdent plus, soit contre les héritiers de celui qui possé- dait (v. p. 15), il faut, dans les autres hypothèses, la ranger dans la classe des actions personnelles *in rem scriptæ*, ou mixtes, dans la classe de ces actions qui emportent contesta- tion tout à la fois sur un droit personnel et sur un droit réel, unis d'une manière si intime que la décision relative à l'exis- tence du droit personnel, résout virtuellement la question de l'existence du droit réel. Ce caractère appartient aux actions révocatoires en matière de donations, aux actions résolutoires et rescisoires en matière de vente et d'échange; je crois qu'il appartient aussi à l'action paulienne.

Il faut donc établir qu'il y a ici contestation sur un droit réel et sur un droit personnel. Où trouverons-nous ce droit réel? Dans les art. 2092 et 2093, qui font de tous les biens du débiteur le gage commun de ses créanciers, dans cette an- cienne maxime coutumière: *Qui s'oblige, oblige le sien*. Ce droit de gage est imparfait, il est vrai; il n'entraîne à sa suite aucune dépossession, ou pour mieux dire, les créanciers re- présentés par leur débiteur, sont censés posséder le gage par ses mains. Comme il frappe l'universalité de son patrimoine, et non tel objet en particulier, le débiteur peut donner, vendre, aliéner de toutes les manières possibles, la loi suppose tou-

jours qu'il a agi dans l'intérêt de tous. Les opérations auxquelles il s'est livré, peuvent bien porter préjudice aux créanciers; tant que ce mandataire forcé, que la loi leur impose, a
été de bonne foi, tant qu'il n'a agi qu'avec imprudence ou lé-
gèreté, l'on ne saurait accorder à ce mandat exceptionnel les
règles du mandat ordinaire. Les créanciers auraient dû se faire
consentir, au moment de l'obligation, des garanties suffisantes
et en tous cas plus efficaces que ce droit de gage acquis en
vertu d'un texte précis.

Mais si le gage a disparu, et que cet état d'insolvabilité soit
le résultat de l'intention formelle du débiteur de ne pas payer
ses créanciers, pourrons-nous dire encore que les créanciers
sont toujours les ayant-cause de leur débiteur, et qu'ils sont
représentés par lui dans les actes frauduleux qu'il a pu faire?
Évidemment non! Pas plus que l'on ne peut soutenir que les
jugements rendus contre le débiteur n'engagent ses créanciers,
lorsqu'ils sont le résultat d'une collusion frauduleuse entre lui
et ses adversaires au procès : le gage subsiste. Il faut donc
qu'après qu'il a été aliéné, il reste quelque chose, qui trahisse
son existence, qui empêche la mauvaise foi et les actes qu'elle
a produits, de paralyser ses effets : ce qui subsiste, c'est un
droit de suite. Droit de suite qui n'est accompagné d'aucun
droit de préférence, car il ne s'agit ni de priviléges, ni d'hypothèques, et le gage légal de l'art. 2093 n'est qu'un gage imparfait, mais droit, qui permet aux créanciers de suivre la
chose entre les mains de tous ceux qui l'ont reçue du débiteur,
droit de suite qui s'exerce contre les tiers acquéreurs à titre
gratuit, qu'ils soient de bonne ou de mauvaise foi, contre les
tiers acquéreurs s'ils sont de mauvaise foi, droit qui devrait
même s'exercer contre les acquéreurs à titre onéreux, de bonne
foi, si la règle que je viens de tracer était absolue et ne souf-
frait aucune exception.

En effet, dans ce cas comme dans les autres, le débiteur
n'a cherché qu'à réaliser ses biens, pour en faire disparaître

la valeur et frauder ses créanciers ; mais il ne faut pas oublier que ce résultat serait d'une rigueur excessive ; que la fraude ne se présumant pas, les tiers, qui sont le plus souvent dans l'ignorance absolue de l'état des affaires de cet homme, avaient à lutter contre une erreur invincible ; qu'ils ont payé la chose à sa juste valeur, et que ce n'est en quelque sorte que sur le prix payé par eux de bonne foi, que s'est exercée la fraude ; qu'il est donc juste que leur bonne foi les protège contre tout recours de la part des créanciers. Ce n'est pas un exemple unique dans le Code que celui d'une exception aux rigueurs d'un principe général, fondée sur la bonne foi des tiers et l'erreur invincible qu'ils ont eu à combattre. Les ventes immobilières consenties par l'héritier apparent, les actes du tuteur nommé par un conseil de famille irrégulièrement composé, sont maintenus, et pourtant l'héritier apparent, le tuteur irrégulièrement nommé n'ont pas plus de droits que le débiteur déloyal. Mais dans toutes ces hypothèses, une bonne foi invincible mérite quelque faveur ; les titres de l'héritier véritable, du mineur, des créanciers, et les titres des tiers détenteurs sont égaux, et l'on suit la maxime : *In pari causa, melior causa possidentis.*

L'acquéreur à titre onéreux et le donataire, quand ils sont de mauvaise foi, ne méritent plus le même intérêt ; aussi la loi ne les traitera pas avec la même faveur, et le droit de suite produira tous ses effets. Quant au donataire de bonne foi, nous pourrons dire maintenant : *Nemo ex damno alterius locupletior fieri debet;* car le droit réel existant, comme nous venons de le prouver, il y a lésion d'intérêts et lésion de droits pour les créanciers : la loi se trouvant entre des adversaires dont les uns ne peuvent invoquer que le *lucrum cessans,* tandis que les autres invoquent le *damnum emergens,* ne peut plus suivre la règle *in pari causa,* et, pour être fidèle à l'équité autant qu'aux vrais principes, elle devra déposséder le donataire.

Voilà donc ce droit réel devant lequel M. Capmas reculait sans cesse ; et maintenant il nous reste, pour établir la thèse que nous soutenons, à trouver ce droit personnel au concours duquel est attaché le caractère mixte de l'action paulienne. C'est aussi le moment d'expliquer pourquoi nous avons répudié les errements du Droit romain, suivis par M. Zachariæ et adoptés par la Cour d'Amiens (16 mars 1839. Dall. Nouv. répert., v° Action, n° 85), et pourquoi, en matière réelle, nous ne voyons pas dans l'action paulienne une action exclusivement réelle.

Cette distinction tient à la différence de nos principes et de ceux du Droit romain sur la transmission de la propriété. Un exemple rendra la différence plus sensible : le contrat de vente parfait par le seul consentement ne produisait pas pour le vendeur l'obligation de transférer la propriété de la chose à l'acheteur, mais celle d'en faire tradition, c'est-à-dire d'en livrer la possession, *vacuam traditionem*. *Obligatus est venditor*, dit Africain, *ut rem emptori habere liceat non etiam ut ejus faciat* (L. 30, D. *De act. empt.*). Il en était de même pour la donation. Le contrat en Droit romain ne crée qu'un droit personnel; avant la tradition, l'acquéreur n'a qu'un *jus ad rem*; après la tradition, il a un *jus in re*. Cela posé, quand un débiteur à Rome vendait ses biens pour se rendre insolvable, et que ses créanciers voulaient faire valoir leur droit de suite, que demandaient-ils, qu'ordonnait le préteur? *Rescissa traditione, eam rem petere, id est dicere eam traditam non esse, et ob id in bonis debitoris mansisse.* C'est le droit réel détruit par la tradition qu'il fallait faire revivre. Le préteur n'attaquait pas le contrat, qui continuait à subsister; la tradition seule était rescindée, ou plutôt le préteur, par un de ces pieux mensonges qui lui étaient familiers, disait qu'il n'y avait pas eu de tradition.

Nos principes sont différents; l'on peut acquérir la propriété par le seul effet des conventions (art. 1583, 1604, 1599), sans qu'il soit besoin de délivrance, ou de tout autre mode d'exécution. Il est donc évident que les créanciers qui revendique-

ront la chose seront au préalable obligés d'attaquer le contrat;
ils seront tenus de faire rescinder la vente, la donation; ce
n'est qu'ensuite qu'ils pourront atteindre la chose et faire valoir leur droit réel. Ils diront qu'ils n'ont pas été représentés
par leur débiteur, que le contrat ne les lie pas; il y aura là
contestation sur un droit personnel; le débat sur la propriété
ne viendra qu'ensuite. Et ne pouvons-nous pas dire maintenant
qu'il y a là un mélange frappant de l'action personnelle provenant d'un contrat et de l'action réelle provenant de la propriété? Quand le contrat est détruit par la demande personnelle
des créanciers, les droits de l'ancien propriétaire ne sont-ils
pas immédiatement rétablis, et les créanciers, s'appuyant sur
leur *jus in re*, ne viendront-ils pas dire : Cette chose est à
mon débiteur, c'est mon gage, rendez-le moi!

Le système de M. Zachariæ, est simplement énoncé dans son
ouvrage (§ 315.) L'on ne peut que présumer les arguments sur
lesquels il s'appuie : Voici probablement l'objection que pourraient nous faire ceux qui l'adoptent : Il n'y a, diront-ils peut-être,
ni résolution ni rescision véritable de l'acte attaqué : sans doute
les créanciers seront payés sur le prix des immeubles frauduleusement aliénés, mais on n'attaque pas le contrat, c'est la chose
seule que l'on revendique. Quant au contrat, ses effets sont sus-
pendus vis-à-vis d'eux, mais il n'est pas rescindé, annullé ou
anéanti, comme il le serait dans les cas prévus par les art. 954,
1764 et autres du Code civil; cela est si vrai que vis-à-vis du
débiteur le contrat subsiste et conserve son entier effet. Le lien
personnel qui unissait le débiteur et les tiers n'est donc pas
brisé; donc l'action n'a rien de personnel; donc ce n'est pas
une action mixte. — Cet argument, qui je crois, est le seul sur
lequel pourrait s'appuyer cette théorie nouvelle, reposerait sur
une confusion évidente entre la révocation *relative* et la révocation *absolue*. Sans doute l'action paulienne ne produit pas
d'effets aussi étendus que les autres actions résolutoires; elle
n'est pas *rei persecutoria*, en ce sens qu'elle n'affecte la chose

que jusqu'à concurrence du chiffre de la dette dont on poursuit le payement : mais il n'en est pas moins vrai que le créancier est, en règle générale, l'ayant-cause de son débiteur ; que les actes faits par ce dernier ont la même valeur à son égard ; que jusqu'au moment où la fraude est établie, le créancier est lié par tous les actes de son débiteur ; que, d'une autre part, les simples conventions suffisent pour transférer la propriété ; que par conséquent les créanciers qui se trouvent dont les conditions d'admissibilité de l'action paulienne, sont obligés d'attaquer le contrat, d'établir qu'eux au moins ne sont pas tenus, et que le lien personnel, tout en subsistant entre le débiteur et les tiers, ne peut les arrêter : il y a donc là discussion sur un droit personnel, discussion qui ne se présentait pas en droit romain, et cela suffirait pour détruire la théorie nouvelle de M. Zachariæ, si l'argumentation que je lui prête, est la seule sur laquelle ils se fonde.

Ce qui me porte à le croire, c'est qu'arrivant à la division des actions (§ 746), l'ouvrage que je cite, reconnaît le caractère mixte aux actions résolutoires et rescisoires, de nature à réfléchir contre les tiers. L'action paulienne réfléchit aussi contre les tiers dans son système (§ 313, note 25) et pourtant il n'en est fait aucune mention : il faut donc admettre qu'il ne la reconnaît pas pour une véritable action résolutoire ou rescisoire.

La théorie de la mixité de l'action paulienne n'est pas nouvelle. MM. Proudhon et Dalloz aîné, avaient déjà décidé qu'en matière réelle immobilière, l'action paulienne était personnelle *in rem scripta*; mais ni l'un ni l'autre de ces auteurs ne me semble en avoir donné la véritable raison. Que dit M. Dalloz : *« Les créanciers exercent un droit propre et non le droit de leur « débiteur ; mais ce droit n'a-t-il pas également pour cause l'o- « bligation qui pèse sur le tiers-détenteur, par suite de sa partici- « pation à la fraude, et pour objet la rentrée de l'immeuble en la « possession du débiteur, où elle redeviendra le gage de ses créan- « ciers (Nouv. Rép., v° Act. n° 85) ? »* M. Dalloz part du même principe que M. Capmas; il rencontre comme cet auteur des obstacles invincibles : comment en effet prouvera-t-il que l'action est mixte quand le donataire est de bonne foi? Il n'a point participé à la fraude; partant, aucune obligation ne pèse sur lui, donc l'action ne serait pas mixte !

M. Proudhon est loin de mériter le reproche d'incohérence et d'obscurité que lui adresse M. Capmas (p. 75). L'obscurité de son système est plutôt apparente que réelle ; cependant je crois qu'il n'a pas plus que les autres auteurs saisi la véritable difficulté de la matière : « *La fraude, dit-il, doit être prouvée envers* « *son auteur, sous ce point de vue l'action du créancier est person-* « *nelle.... mais quoique personnelle dans son principe cette action* « *est véritablement* in rem scripta *dans sa fin, puisqu'elle suit la* « *chose et qu'elle tend directement à la reprendre entre les mains* « *d'un tiers-possesseur, qui personnellement, peut ne rien devoir au* « *créancier* (Usuf. § 2351).» M. Proudhon a compris le caractère réel de l'action paulienne: il a été moins heureux dans la première partie de son argumentation. Qu'importe la nécessité de prouver la fraude du débiteur, lorsqu'il s'agit de déterminer le caractère personnel de l'action : il faut prouver qu'il existe un droit d'obligation, de l'existence ou de la non-existence duquel dépend le droit réel aliéné : c'est à cette condition seule que l'on pourrait voir dans l'action paulienne une action mixte: or, M. Proudhon ne l'établit pas le moins du monde.

Je le répète encore une fois, l'action paulienne renferme deux questions: 1° les créanciers sont-ils ou ne sont-ils pas obligés par les actes de leur débiteur; — 2° quand il est établi qu'ils ne sont pas obligés, les tiers peuvent-ils garder les immeubles aliénés? Voilà les deux éléments, l'un renfermant une question d'obligation, l'autre une question de propriété, qui constituent son caractère mixte.

La Cour de cassation ne s'est pas encore prononcée d'une manière bien formelle sur cet important problème : elle semble néanmoins, adopter l'opinion que nous avons défendue.

C'était précisément à propos de la compétence des tribunaux que la question était soulevée : «*Attendu*, porte l'arrêt (Req. «27 décembre 1843), *que l'action des créanciers n'a pas pour* «*objet de les faire déclarer propriétaires des immeubles don-* «*nés, mais seulement de faire annuler l'acte qui a dépouillé* «*leur débitrice de la propriété, de rendre ces immeubles saisis-* «*sables par les créanciers de la donatrice, c'est la solvabilité* «*entière de leur débitrice qu'ils veulent rétablir, et si leurs créan-* «*ces étaient payées, soit par offres réelles, soit sur le prix de la* «*vente du mobilier, ils n'auraient aucun droit de poursuivre* *la débitrice sur ses immeubles ; c'est donc une action pure-* *ment personnelle et mobilière, ce serait au moins une action* *mixte..... etc.* (Dall., Nouv. Rép. *loc. cit.*). » La Cour de cassa-tion tient beaucoup à la doctrine de la personnalité de l'action; ce n'est qu'en désespoir de cause, et comme concession der-nière, qu'elle admet, presqu'avec regret, son caractère mixte. Ses arguments sont peu concluants : il me semble qu'il importe peu que les biens aliénés rentrent dans les mains des créan-ciers ou dans celles des débiteurs, et que les créanciers aient pu être payés de telle ou telle manière; il faut voir si le tiers est dépossédé, s'il s'opère un déplacement de propriété, et comment alors qualifier d'action purement réelle, une action qui a une revendication pour objet!

Je le répète, en terminant cette longue discussion; il était dans l'esprit du législateur, d'imprimer un certain caractère de réalité à toutes ces actions qui ont pour objet la résolution, la rescision ou la révocation d'un contrat translatif de propriété. Que MM. Bonjean et Capmas, s'élèvent contre ces tendances de notre droit moderne, qu'ils trouvent des paroles éloquentes contre l'extension donnée à la théorie du domaine révocable; la réforme hypothécaire entreprise par l'Assemblée qui nous gouverne, est une première concession, arrachée par les récla-mations énergiques des défenseurs du crédit foncier. Pour nous, simples interprètes d'un droit existant, nous ne devons pas oublier que notre tâche est de l'expliquer, de le commenter, sans prendre l'initiative de réformes qu'il n'appartient qu'au législateur d'accomplir.

VI.

Nous pouvons maintenant définir l'action paulienne une action subsidiaire, tantôt personnelle, et tantôt mixte, en vertu de laquelle, les créanciers peuvent demander, en leur nom personnel, la révocation de tous les actes faits par leur débiteur en fraude de leurs droits, afin de faire rentrer dans son patrimoine les biens ainsi aliénés et d'exercer sur eux le droit de gage que la loi leur assure.

J'ai déjà fait remarquer la différence qui sépare l'action paulienne de l'action subrogatoire. L'une et l'autre ont pour but le payement des créances ; l'une et l'autre sont des actions subsidiaires ; chacune ne donne le droit de prendre la chose que jusqu'à concurrence de ce qui leur est dû : hors de là, de profondes différences les séparent. La subrogation judiciaire ne suppose que *l'inaction préjudiciable* du débiteur, que cette inaction soit frauduleuse ou non. L'action révocatoire suppose un *acte préjudiciable et frauduleux.* Dans le premier cas, le créancier n'agit qu'au nom de son débiteur et subit toutes les conséquences de cette fiction ; dans le second, c'est en son nom personnel qu'il agit ; les exceptions que l'on aurait pu faire valoir contre le débiteur, ne lui sont pas opposables. Au moyen de l'action subrogatoire, le créancier exerce les droits et actions de son débiteur qui sont encore dans son patrimoine ; avec l'action révocatoire, il attaque des actes accomplis et revendique des valeurs qui sont entre les mains des tiers.

Une confusion plus fréquente et plus grave est celle que l'on fait de l'action paulienne et de l'action en simulation. La simulation est un genre de fraude spécial ; les actes que l'action pau-

lienne a pour objet d'anéantir, reposent également sur des manœuvres frauduleuses, mais d'une nature particulière; et pourtant l'on confond sans cesse ces deux séries de faits, qui n'ont
de commun que leur origine, la mauvaise foi du débiteur, et
leur but, celui de tromper ses créanciers. Cette erreur existe
dans la doctrine; les arrêtistes la commettent souvent, et il n'est
pas de jour où l'on n'entende conclure devant les tribunaux,
et juger que tel acte est nul, comme étant l'œuvre de la fraude
et de la simulation. La fraude et la simulation se distinguent
pourtant par leurs caractères spéciaux, par leurs conditions
d'existence et par les actions employées pour les combattre.

L'acte simulé est celui qui n'est qu'apparent, dont le seul
but est de faire croire à la réalité d'une opération juridique qui
n'a pas eu lieu, ou de tromper les tiers intéressés, sur la nature de l'opération qui a eu lieu réellement. Comme dit d'Ar-
gentré, *colorem habent, substantiam vero nullam*; ajoutons pour
être complets: *substantiam aliquando alteram*. L'acte frauduleux *(sensu stricto)* est un acte sérieux et réel, qui, indépen-
damment de l'opposition des tiers, pourrait produire des effets
valables entre ceux qui l'ont contracté, tandis que l'acte simulé
n'est jamais destiné à avoir d'effets, même entre les parties qui
l'ont signé.

L'action en simulation est recevable dès que l'on peut prouver que l'acte n'est pas sincère, que l'on a donné à une opération l'apparence d'une autre, ou même que l'on a revêtu
d'une apparence juridique quelconque, ce qui n'existait pas.
L'action paulienne, au contraire, attaque des actes sérieux;
elle n'en poursuit pas la non-existence mais la révocation. L'une
est une action en nullité, l'autre en rescision. L'action paulienne n'est recevable que lorsqu'il y a préjudice, et que ce
préjudice a été frauduleusement causé par le débiteur: le préjudice ne pouvant résulter que de l'état d'insolvabilité dans
lequel s'est placé le débiteur, il est évident que les créanciers
postérieurs à l'acte argué de fraude, n'ont pas été lésés par

des actes commis antérieurement à l'existence de leur créance, et ne peuvent intenter l'action révocatoire, tandis qu'ils peuvent intenter l'action en simulation.

VII.

Pour qu'un acte puisse être attaqué par les créanciers, comme fait en fraude de leurs droits, il faut le concours de deux conditions : 1° L'acte doit avoir causé un préjudice aux créanciers antérieurs à sa passation ; 2° ce préjudice doit avoir été causé intentionnellement.

Il y a préjudice pour les créanciers toutes les fois que le débiteur diminue et aliène ses biens, et se constitue en état d'insolvabilité, ou seulement augmente son insolvabilité antérieure.

Il est plus difficile de préciser les caractères auxquels la fraude se reconnait. Comme le Protée de la fable, elle revêt mille formes diverses, et le juge, ne peut trouver la règle qui doit le guider, que dans sa conscience d'honnête homme, et son expérience de magistrat. Dans les actes à titre gratuit, l'insolvabilité résultant de la libéralité, sera presque toujours une preuve caractéristique de la fraude. Dans les actes à titre onéreux, la vileté de prix ne constituera cette preuve, que si le préjudice éprouvé par les créanciers, est le résultat direct et immédiat du contrat. Si une vente quoique faite à vil prix, avait produit une somme suffisante pour désintéresser tous les créanciers, et que des événements imprévus aient mis obstacle à leur payement, que la somme soit dissipée en opérations malheureuses, l'action ne serait pas recevable, car l'insolvabilité ne serait plus le résultat immédiat de l'acte.

Il y a dessein de frauder quand le débiteur a agi en connaissance de son insolvabilité, quand bien même il n'aurait pas eu l'intention formelle de frauder tel ou tel de ses créanciers. Cette solution se trouvait déjà dans la loi romaine (L. 17 § 1.

D. h. t.) : Lucius Titius avait des créanciers, et néanmoins il donna tous ses biens à des affranchis qui étaient en même temps ses enfants naturels. Quoiqu'on pût dire, que son intention avait été plutôt de favoriser ses fils, que de faire tort à ses créanciers, néanmoins la donation fût révoquée ; et voici les paroles de Julien : « *Qui creditores habere scit, et universa bona sua* «*alienavit, intelligendus est fraudendorum creditorum animum* «*habuisse.* » Cette solution a été admise par la Cour de Grenoble le 3 mars 1842, et la Cour de cassation l'a confirmée, le 2 janvier 1843 (Dall. 43. 4. 1). Si le débiteur avait pu raisonnablement supposer qu'il lui restait des valeurs suffisantes pour payer ses dettes, l'action serait non-recevable, parce qu'alors il pourrait bien y avoir préjudice, mais qu'il n'y aurait pas intention frauduleuse.

Faut-il prouver que les tiers contre lesquels est dirigée l'action révocatoire, étaient complices de la fraude du débiteur ? Le Droit romain faisait à cet égard, une distinction que nous avons déjà eu l'occasion d'apprécier, entre les actes à titre gratuit, ou la preuve de la complicité des tiers *(consciencia fraudis ex parte tertii)* n'était pas exigée, et ceux à titre onéreux, où elle était impérieusement requise. Le Code n'a pas reproduit en termes formels cette distinction fondée sur l'équité, mais nous ne trouvons aucune disposition dans le texte, ou dans l'esprit de la loi qui force de s'en écarter : bien plus, le Code de commerce dans ses dispositions sur les actes du failli, avait cette division des actes à titre gratuit et à titre onéreux présente à l'esprit, et nous en trouvons une trace dans l'art. 446 (anc. 444).

La complicité des tiers sera suffisamment établie par la connaissance qu'ils auront pu avoir des intentions déloyales de celui avec lequel ils ont traité (L. 6 § 8 D. h. t.). Cette règle a reçu une extension considérable. Il n'est pas nécessaire que le tiers-détenteur ait su, que le créancier poursuivant était celui que l'on voulait tromper ; il n'est pas nécessaire qu'il ait su qu'il y avait plusieurs créanciers, ou qu'il ait cru que la fraude devait avoir pour résultat d'en dépouiller un autre ; pourvu qu'il sache d'une manière générale, qu'il y a fraude, il sera passible des suites de l'action. « *Illud certe sufficit, et si unum scit credi-* « *torem fraudari, cœteros ignoravit, fore locum actioni* » (L. 18, § 7, D. h. t.). Quant aux faits, d'où l'on pourra tirer la preuve de la complicité des tiers, l'on ne saurait tracer une règle invariable et absolue. La notoriété de la détresse du débiteur en serait une preuve suffisante ; mais la connaissance qu'auraient acquis les tiers, du dérangement des affaires de celui avec lequel ils ont traité, ne serait pas un fait concluant ; l'on peut avoir beaucoup de créanciers et ne pas être insolvable pour cela (L. 10, § 2 et 4, D. h. t.).

Toutes ces questions de fraude sont avant tout des questions de fait ; les solutions varient d'une espèce à l'autre, et la loi est impuissante à prévoir, ce qui est avant tout, du ressort de la conscience. La loi pose un principe : c'est au juge à l'appliquer ; et la décision qui constaterait la bonne foi des parties, comme celle qui accuserait une collusion frauduleuse, dans des causes identiques en apparence, échapperaient toutes deux à la censure de la Cour suprême.

C'est au créancier à prouver la fraude ; mais il jouit de la plus grande latitude en ce qui concerne les moyens de preuves : non-seulement il n'aura pas besoin d'apporter un commencement de preuve par écrit ; mais même, à défaut de preuve testimoniale, il pourra l'établir par de simples présomptions, pourvu qu'elles soient graves, précises et concordantes (art. 1353. L. 19, C. III, 52). Il pourra même avec ces armes, combattre les énonciations d'un acte sous seing privé ou authentique, sans qu'il lui soit nécessaire dans ce cas, de prendre la voie de l'inscription de faux (Cass. 4 fév. 1836).

MM. Aubry et Rau (§ 313, note 16), répudiant les errements de la loi romaine, regardent l'action paulienne comme recevable dans les actes à titre gratuit, *même si le donateur avait été de bonne foi*, pourvu qu'il y ait eu préjudice pour les créanciers ;

dans ce cas, la fraude étant présumée *juris et de jure*. C'est le système de Gaius, c'est celui de Furgole, c'est celui du règlement de la place de Lyon et de l'ordonnance de 1747, mais plus développé, plus général, plus absolu. Cette théorie ne me semble fondée ni sur les textes, ni sur les traditions historiques si puissantes dans cette matière.

Le principal argument des deux auteurs que je combats, ne réside pas dans l'art. 1167, qu'ils ne sauraient invoquer, et qu'ils refusent même de reconnaître comme une règle générale ; il est dans la combinaison des art. 622, 788, 1053 et 2225. Ces articles, relatifs à diverses renonciations gratuites, à l'usufruit, à une succession, à une substitution, à une prescription, pour la révocation desquelles le simple préjudice suffit, sont regardés par eux non pas comme des règles spéciales et exceptionnelles, faites pour des cas déterminés et des motifs particuliers, mais comme des applications variées d'un principe général, qu'ils formulent en règle absolue. Ils repoussent simplement l'objection que l'on tire de l'art. 1464, relatif à la renonciation à la communauté, et pour le faire concorder avec leurs principes, ils se contentent de dire qu'évidemment le mot *fraude* y est employé comme synonime de préjudice. Ils s'appuient subsidiairement sur un argument d'analogie tiré des dispositions de l'art. 446 du Code de commerce. Enfin, des considérations d'équité viennent couronner leur système : qu'importe la bonne ou la mauvaise foi du débiteur donateur, puisque la donation n'est révoquée que parce que les tiers *certant de lucro captando*, tandis que les créanciers *certant de damno vitando*. Répondons à ces trois séries d'arguments.

Et d'abord est-il bien exact de tirer des art. 622, 788, 1053 et 2225 une règle générale, au lieu de n'y voir que des exceptions, que l'on ne peut étendre à des cas qui n'ont pas été spécialement prévus ? Pour résoudre cette question, il est nécessaire de se reporter aux travaux préparatoires du Code civil et aux discussions qui ont eu lieu lors de l'adoption des articles qui nous occupent

L'art. 1053, sur la renonciation anticipée à une substitution, *au simple préjudice* des créanciers, a été emprunté presque textuellement à l'ordonnance de 1747. Il a été introduit dans le Code à la demande du tribunat. L'art. 2225 originaire commençait par ces mots : «Les créanciers *postérieurs*....» Le mot *postérieurs* disparut sans doute par suite d'une simple correction de style. Mais ces deux articles n'ont été l'objet d'aucune discussion, ni d'aucune observation dans les différentes épreuves qu'ils eurent à subir avant leur adoption. Il n'en est pas de même des art. 622, 788 et 1167. La commission du gouvernement qui avait présenté le projet du Code civil exigeait, pour la révocation de la renonciation à l'usufruit ou à une succession, la fraude du débiteur. Le tribunal de cassation, dans ses observations sur le projet, remplaça dans les deux articles le mot de *fraude* par celui de *préjudice*. «La fraude, disait-il «sous l'art. 622, suppose *consilium et eventus* : or, ne suffit-il «pas que, par l'événement, une renonciation porte préjudice «aux créanciers, quoiqu'elle ne soit pas frauduleuse par l'in-«tention du renonçant, pour qu'il y ait lieu à la faire annuler?» Même observation sous l'art. 788. Les deux articles ainsi modifiés, furent adoptés sans discussion ultérieure. Quant aux art. 1447 et 1464, où figurait également le mot *fraude*, ils ne furent l'objet d'aucune modification ni observation de la part du tribunal suprême, et furent votés tels qu'ils avaient été présentés.

Reste l'art. 1167. Voici l'article proposé par le tribunal de cassation : «Ils (les créanciers) peuvent aussi, en leur nom per-«sonnel, attaquer tous actes faits par leur débiteur, en fraude «de leurs droits. — Sont toujours réputés faits en fraude des «créanciers, les actes réprouvés par la loi concernant les fail-«lites, ainsi que la renonciation faite par le débiteur, à un titre «lucratif, tel qu'une succession ou une donation. — S'il s'agit «d'une renonciation à un titre lucratif, les créanciers qui veulent «faire annuler cette renonciation, doivent se faire subroger aux «droits de leur débiteur, et prendre sur eux tous les risques et «toutes les charges du titre qu'ils acceptent à sa place. » — Cet article ne différait du projet primitif que par quelques changements de rédaction de peu d'importance et dont le but unique était d'exprimer d'une manière plus précise le vœu des auteurs du projet.

Avant de le discuter au Conseil d'État, le projet du Code civil fut soumis à un nouvel examen de la part de la commission, et l'art. 1167 subit un nouvel remaniement. Voici la nouvelle rédaction : «Art. 62. Ils (les créanciers) peuvent aussi, «en leur nom personnel, attaquer tous actes faits par leur dé-«biteur, en fraude de leurs droits. Art. 63. Lorsqu'un débi-«teur a renoncé à une succession, le créancier peut l'accepter «du chef de son débiteur. Le créancier peut aussi demander «l'exécution à son profit d'une donation que son débiteur aurait «d'abord acceptée, et à laquelle ce débiteur aurait ensuite re-«noncé. Dans l'un et l'autre cas, le créancier prend sur lui les «risques et les charges résultant du titre qu'il accepte à la place «de son débiteur. » L'art. 62 est devenu le premier alinéa de l'art. 1167. Quant à l'art. 63, il disparut ; le premier § était inutile en présence de l'art. 788 ; le second ne se justifiait ni en droit ni en équité ; le troisième disparut, sans que les procès-verbaux fassent mention des motifs de sa suppression.

Que conclure maintenant ? L'on ne peut plus, après avoir lu les observations du tribunal de cassation, soutenir que les rédacteurs du Code se sont servis du mot *fraude* comme synonime de *préjudice*. L'on remarque d'un autre côté que tous les articles du Code qui ont subi un remaniement de la part du tribunal de cassation (art. 622, 788, 1167 origin.) sont conçus dans une même pensée. Fidèles aux principes de Furgole et à la règle spéciale de l'ordonnance de 1747 (art. 1055 actuel), qu'ils voulaient généraliser, les magistrats du tribunal de cassation avaient été jusqu'à formuler cette règle en principe absolu, en faisant planer la présomption de fraude sur *toutes les renonciations à titre gratuit.* La commission de l'an VIII, au contraire, avait gardé les pures traditions du Droit romain, défendues par Pothier. Chacune de ces deux autorités n'a qu'un reproche à se faire, c'est de n'avoir pas été conséquente avec elle-même. M. Capmas l'a dit dans la savante discussion à laquelle il s'est livré sur cette question, et nous ne pouvons que le répéter après lui : les rédacteurs du Code se trouvaient placés entre deux systèmes, qu'ils ont suivis tour à tour, sans s'être bien rendu compte des différences qui les séparaient ; le tribunal de cassation, qui suivait le système de Furgole, voulut l'introduire dans le Code, et soit par des motifs spéciaux, soit peut-être par inadvertance, il laissa subsister l'art. 1464. Tous les auteurs qui ont voulu expliquer cette anomalie, ont été obligés de dire ou que fraude est synonyme de préjudice, ou que préjudice est synonyme de fraude, et tous ont échoué dans la théorie qu'ils ont créée, parce qu'on n'interprète que ce qui est obscur, et que là où la loi a été illogique, l'on chercherait vainement à systématiser ses prescriptions.

Nous concluons de cet aperçu historique, que dans les cas spéciaux des art. 622, 788, 1055, 2225, le simple préjudice suffira ; que, dans le cas de l'art. 1464, au contraire, il faudra fraude et préjudice (la plupart des auteurs contestent cette dernière solution) ; que, dans les cas non spécialement prévus, il faut recourir à l'art. 1167 et à son commentaire le plus certain, la loi romaine.

Du reste, MM. Aubry et Rau, dans cette première partie de leur argumentation, s'appuient sur quatre articles, tous relatifs à des renonciations à titre gratuit. Les renonciations ne sont qu'un genre spécial d'actes à titre gratuit, et l'on aurait tort, je crois, de conclure de l'un à l'autre. Il est bien plus fréquent de voir renoncer à acquérir, que de voir donner ce que l'on possède déjà. La renonciation est l'abandon d'un droit que l'on a sur la chose ; la donation est l'abandon de la chose elle-même. Or, un droit non encore exercé, suppose toujours, lorsqu'on veut l'exercer, quelque peine, quelques difficultés, qui ne se présentent plus quand on a déjà la chose. Aussi, lorsqu'un débiteur voit qu'en fin de compte, ce sont toujours ses créanciers qui profiteront, renoncera-t-il encore plus facilement au droit qu'à la chose elle-même. Je comprends que la loi se soit montrée plus sévère pour les renonciations que pour les autres actes à titre gratuit, et que l'art. 1167 du projet du tribunal de cassation ait statué non pas pour les actes à titre gratuit en général, mais seulement pour les renonciations à titre gratuit, ce qui est bien différent.

Nos adversaires cherchent encore un argument d'analogie dans l'art. 446 du Code de commerce; mais c'est un argument *a contrario* qu'il faudrait tirer de ses dispositions: puisque l'art. 446 n'annule que les actes à titre gratuit antérieurs de dix jours à la cessation des payements, n'est-ce pas dire clairement que la présomption de fraude ne plane pas sur les autres? Restent les principes d'équité sur lesquels viennent s'appuyer tous les systèmes spécieux : loin de nous l'idée d'en contester la valeur, mais nous croyons avoir démontré que la loi a puisé ses inspirations ailleurs, et cela est suffisant. En l'absence de disposition spéciale et précise, force est d'en revenir au texte général.

VIII.

C'est avant tout dans l'intérêt des créanciers chirographaires, qu'a été introduite l'action paulienne. Ceux qui ont un gage, une hypothèque, un privilége, trouveront dans l'exercice des droits spéciaux qui leur compètent, un moyen, plus rapide et plus facile d'arriver au remboursement de leurs créances : le gagiste usera du droit que lui confère l'art. 2058; le créancier inscrit, sur la notification qui lui sera faite de l'aliénation (2185), requerra collocation, ou poursuivra la surenchère. Mais la généralité des termes de l'art. 1167, l'absence de tout motif plausible ne nous permettent pas de limiter le bénéfice de l'action paulienne à la condition de créancier chirographaire.

Le créancier hypothécaire a donc l'option entre l'action spéciale qui lui compète et l'action révocatoire. Mais, s'il a requis collocation ou bien, si sur la notification à lui faite, il a négligé de surenchérir, sera-t-il non-recevable à attaquer postérieurement pour fraude, la vente qui aura eu lieu? — Évidemment non! La faculté de surenchérir, ou la demande en collocation, et l'action paulienne sont deux droits distincts, indépendants l'un de l'autre, entre lesquels il peut choisir, qu'il peut exercer successivement. Voir dans sa conduite une reconnaissance de la sincérité de la vente, et par suite une renonciation au droit de l'attaquer pour fraude, n'est-ce pas violer la règle *Renuntiatio non præsumitur*, qui exige une renonciation sinon expresse, au moins formelle? Or, une renonciation formelle ne pourrait résulter que de faits en contradiction manifeste avec l'exercice de ce droit. Cela n'a pas lieu pour le créancier, qui pense le contrat d'aliénation loyalement formé et le prix suffisant pour l'acquit de sa créance. (Cass. 2 août 1836.) L'on ne pourrait tirer un argument d'analogie de l'art. 717 du Code de procédure civile, qui prononce au profit de l'adjudicataire la déchéance de l'action résolutoire contre le vendeur ancien, qui ne serait pas payé de son prix et qui aurait laissé consommer l'adjudication sans exercer la demande résolutoire. Cette disposition spéciale et exceptionnelle n'est pas susceptible d'extension (Bordeaux, 13 févr. 1852).

Il est inutile d'ajouter que si l'on pouvait prouver que le créancier était instruit dès le principe de la vilité de prix ou des manœuvres frauduleuses qui ont eu lieu, il serait irrecevable dans son action en révocation. Son inaction serait reputée volontaire et réfléchie. L'on pourrait jusqu'à un certain point supposer qu'il a voulu faire remise de la dette, ou tout au moins qu'il a voulu suivre la foi de son débiteur : *Nemo enim videtur fraudare eos qui sciunt et consentiunt.*

Tout créancier cédulaire, privilégié ou hypothécaire, pourra donc invoquer l'art. 1167; mais les créanciers antérieurs à l'acte argué, seront seuls recevables dans leur action. Les créanciers postérieurs ne pourront se plaindre qu'un acte antérieur à la constitution de leur créance, ait ébranlé le crédit de leur débiteur et leur ait porté préjudice en diminuant leur gage (Cass. 15 juin 1843.— Bourges, 14 août 1844.— Cass. 20 juin 1849).

Il est un cas pourtant, où le créancier peut demander la révocation d'un acte, bien que sa créance soit d'une date postérieure; c'est quand les derniers du créancier postérieur à l'acte, ont servi à payer le créancier antérieur, qui, sans ce payement, aurait pu intenter l'action révocatoire. Dans cette hypothèse, Marcellus et Ulpien nous le disent, l'action paulienne est recevable : «*Si horum pecunia quos fraudare noluit priores. dimisit* «*quos fraudare voluit, revocationi locum fore.*» Des rescrits de Sévère et d'Antonin, vinrent confirmer ces décisions qui passèrent dans le Digeste (L. 10, h. t.). Ces principes doivent encore être suivis de nos jours.

Mais si le débiteur après avoir satisfait les créanciers en fraude desquels il avait aliéné, avait simplement contracté des dettes nouvelles, ses nouveaux créanciers ne jouiraient pas de l'action révocatoire.

Comment les créanciers devront-ils prouver l'antériorité de leur créance, vis-à-vis des tiers? Nous distinguerons s'il y a fraude ou non. Dans le premier cas, l'art. 1328 devra être écarté puisqu'en matière de fraude, toutes les règles du droit commun doivent être écartées. Dans le cas contraire, nous retombons sous l'empire de l'art. 1328.

Les créanciers conditionnels n'ont pas l'action paulienne; l'art. 1180 leur permet uniquement les actes conservatoires. Ne serait-ce pas mettre entre leurs mains, un moyen de se faire payer avant l'arrivée de la condition?

Il n'est pas de même des créanciers à terme. M. Capmas (p. 103) leur accorde, l'action révocatoire, si la fraude a lieu dans un terme rapproché de l'échéance. En effet, le droit du créancier à terme, à la différence de celui du créancier conditionnel, est un droit existant, dont l'exécution seul est différée : l'on ne saurait donc les assimiler et conclure *a pari*. Mais nous irons plus loin que M. Capmas, et nous accorderons l'action paulienne aux créanciers à terme dans tous les cas possibles. L'art. 1188, ne prononce la déchéance du terme que dans le cas de faillite, mais il résulte clairement de sa combinaison avec les art. 1913 et 2032, et de la discussion de l'art 1188 au conseil d'État (Locré, 12, 161, n° 11), que le législateur a prétendu assimiler la déconfiture à la faillite. Quand donc par un acte frauduleux le débiteur se met en état de déconfiture, il perd le bénéfice du terme, et le créancier devenant pur et simple, a droit de poursuivre son remboursement par tous les moyens possibles, et notamment par l'action paulienne.

Les adversaires de ce système répondent avec raison, que ni l'état de faillite ni celui de déconfiture n'ont lieu de plein droit, qu'on ne les établit que par des poursuites et des saisies-arrêts, qui ne peuvent avoir lieu, quand il s'agit de dettes non-exigibles qu'à l'expiration du terme, que l'on ne peut donc supposer un effet antérieur à sa cause. Cette argumentation peut être vraie dans quelques cas, mais pour la grande majorité, elle n'est que spécieuse. L'état d'insolvabilité ne peut-il pas être notoire ? Ne l'est-il pas chaque fois que l'on recourt à ce moyen extrême de l'action révocatoire ? L'état d'insolvabilité ne peut-il pas résulter de poursuites exercées par d'autres créanciers, d'un aveu même fait par le débiteur ? Ne peut-on pas répondre encore en se plaçant sur un autre terrain, que ce ne sont pas ici les principes ordinaires sur les conventions qu'il faut appliquer, et que l'action paulienne ayant pour but la répression d'un acte frauduleux, doit comme toutes les actions qui naissent du dol, être admise toutes les fois que l'équité le commande !

Le débiteur alléguera que le terme a été stipulé en sa faveur, (nous n'avons pas à nous préoccuper du cas ou le terme serait

consenti en faveur du créancier). «Il est vrai, lui répondra le
«créancier que je vous ai accordé terme, mais c'est à la condi-
«tion tacite que vous exécuteriez fidèlement et loyalement no-
«tre contrat. Or, vous cherchez par une manœuvre dolosive à
«me priver de mon gage; vous avez manqué aux conditions de
«notre contrat. Donc vous êtes déchu du bénéfice du terme que
«je vous avais accordé.»

La qualité de créancier à quelque titre que ce soit, donne,
quand elle est accompagnée des conditions que nous venons
d'énumérer, ouverture à l'action paulienne. Il importe peu
que les droits du créancier aient été liquidés à l'époque de
l'acte, il suffit qu'ils aient une date antérieure : c'est ce qui ar-
riverait, par exemple, s'ils avaient déjà été l'objet d'une décision judiciaire même postérieure à l'acte, pourvu que cette décision rapportât la date de la créance à une époque antérieure
à l'acte argué de fraude : les jugements ne sont que déclaratifs
de droits préexistants. Cela aurait encore lieu pour le créancier,
auquel un jugement aurait accordé une provision, et qui pro-
céderait en vertu de ce titre. Vainement on dirait que le titre
n'est que provisoire : le débiteur devait au moins provisoire-
ment respecter le gage de ce créancier.

IX.

Le préjudice ne peut exister que si le débiteur s'est mis dans
l'impossibilité de remplir ses engagements antérieurs. Tant que
le créancier ne rapportera pas la preuve de l'insolvabilité de
son débiteur, les défendeurs pourront lui opposer l'exception
de discussion.

Le Droit romain faisait de cette exception un obstacle insur-
montable à la recevabilité de l'action paulienne : *Bonis ejus excus-*
sis usitatis actionibus, dit l'empereur Antonin. Ces principes sont
encore en vigueur aujourd'hui; mais ce n'est plus cette insolvabilité absolue de la loi romaine qu'on exige en France; il suffit

d'une insolvabilité relative, il suffit qu'à raison de leur éloignement, de leur nature d'inaliénabilité, ou bien encore de leur caractère litigieux, la discussion du débiteur soit impossible ou
seulement très-difficile, et le juge est investi en cette matière,
d'un droit absolu d'appréciation.

Les principes généraux du bénéfice de discussion ne se trouvent pas dans le Code, et ce n'est que dans une matière toute
spéciale, le cautionnement, qu'ont été tracées un certain nombre de règles, parmi lesquelles il faut choisir celles qui sont
applicables à l'action qui nous occupe.

Le tiers-détenteur opposera l'exception de discussion; mais
il ne lui suffira pas de renvoyer le créancier se pourvoir contre
son débiteur, aux fins de faire constater son insolvabilité; il a
deux obligations essentielles à remplir : 1° il devra indiquer au
créancier les biens sur lesquels devra porter la discussion; ce
n'est qu'à cette condition qu'il rendra l'utilité de son exception
vraisemblable; 2° il devra avancer les deniers suffisants pour
la discussion; cette obligation sera une garantie que l'exception
de discussion n'est pas un simple moyen de gagner du temps.

L'indication du tiers-détenteur peut porter sur des meubles
comme sur des immeubles, car le débiteur peut être discuté
ad peram usque et saculum, comme l'on disait jadis. L'indication ne devrait pas porter sur des biens d'une discussion trop
difficile, soit à raison des charges qui les frappent, ou des actions résolutoires qui les menacent, en un mot, sur des biens
litigieux. *Si debitoris excutiendi bona sint in obscuris actionibus,
pro excusso habendus est*, dit le président Favre (VIII, 6). L'indication ne portera pas davantage sur des biens d'une discussion trop difficile, à cause de leur éloignement. C'est ainsi
que l'on ne pourra tenir compte des biens situés à l'étranger.

Mais pourra-t-on forcer le créancier à discuter les biens
situés hors du ressort de la Cour où le payement doit être fait?
Lamoignon déjà avait répondu à cette question : «*Ne sont su-
«jets à discussion les immeubles situés hors le royaume, et même*

« *ceux qui sont hors le ressort du parlement où le créancier a son* « *domicile* (arrêt, **t.** 24, a. 20). » Le Code a reproduit cette règle à propos de la caution : Art. 2023. « *Elle ne doit pas indiquer* « *des biens du débiteur principal situés hors de l'arrondissement* « *de la Cour royale du lieu où le payement doit être fait...* » Nous trouvons les motifs de cette restriction dans la discussion qui eut lieu au Conseil d'État. Cambacérès demandait pourquoi l'on ne serait pas tenu de discuter les biens situés hors de l'arrondissement du tribunal d'appel. M. Bigot de Préameneu lui répondit qu'il a toujours été reçu , que le créancier n'est pas tenu de discuter les biens situés à une si grande distance, que la discussion en devienne et trop dispendieuse et trop embarrassante (Fénét. XV, 16). Je pense , en me fondant sur ces autorités , que, si le débiteur s'était dessaisi frauduleusement de tous les biens qu'il possédait dans le ressort, et n'était pas en état de faire honneur à ses engagements, au jour de l'échéance, le tiers-détenteur ne pourrait renvoyer les créanciers discuter les biens situés hors de l'arrondissement d'une autre Cour. Ce serait pousser trop loin l'amour de la règle , que d'obliger ces malheureux à aller d'une extrémité de la France à l'autre, saisir et exproprier les biens qui certainement formaient la partie la plus incertaine de leur gage : les biens sur lesquels ils comptaient ont été aliénés ; il y a préjudice, il y a fraude , que faut-il de plus pour que l'action paulienne soit recevable !

Il est deux autres exceptions qui se rattachent à celle-ci. Les défendeurs pourront toujours paralyser les effets de l'action dirigée contre eux, en désintéressant les créanciers *poursuivants*.

D'un autre côté, si, dans le cours de l'instance, des biens nouveaux surviennent au débiteur, les défendeurs pourront encore opposer le bénéfice de discussion , et si les biens nouvellement acquis sont suffisants, conclure à ce que le demandeur soit déclaré non recevable. Dans ce cas, les dépens ne pourraient être mis à leur charge, que s'ils avaient été de mauvaise foi.

X.

L'action paulienne atteint tous les actes que peut faire un débiteur en fraude de ses créanciers : *Quæ fraudationis causa gesta sunt*, tels sont les termes de l'édit, et Ulpien, pour ne laisser aucun doute, a soin d'ajouter : *Hœc verba generalia sunt et continent in se omnem omnino in fraudem factam vel alienationem vel quodcumque contractum..*, *nam late ista verba patent* (L. 1, D. h. t.).» L'art. 1167 n'est pas moins général.

Cependant nous n'avons pas suivi d'une manière aveugle le Droit romain en cette matière. D'après le Digeste, deux conditions devaient se rencontrer, pour que l'action paulienne fût recevable; il fallait : 1° qu'il y eut un acte frauduleux, *ut quidquid gestum sit fraudulentum*; 2° que cet acte eût fait sortir du patrimoine du débiteur, une chose ou un droit qui s'y trouvait précédemment.

L'on avait donné la plus grande extension à la première de ces deux conditions : ventes, donations, remise du gage ou radiation de l'hypothèque, lorsque le payement n'avait pas eu lieu, remise de la dette elle-même, tout était compris dans ces mots : *ut aliquid gestum sit*. L'on avait même donné le sens de *gestum* à l'inaction frauduleuse du débiteur, quand elle avait pour résultat de diminuer son patrimoine, par exemple, à la perte de l'usufruit ou d'une servitude par le non-usage. Ces principes ont passé dans notre législation.

Il fallait en second lieu que l'acte eût eu pour résultat de *diminuer* l'actif du débiteur, ce qui excluait tous les actes par lesquels le débiteur avait simplement négligé d'*augmenter* son patrimoine. Nous avons également adopté cette règle, mais moins subtiles que les jurisconsultes romains, et armés de cette action subrogatoire (art. 1166) qui leur était inconnue, parce qu'elle était trop contraire à l'esprit de leur législation, nous avons créé en matière de renonciations un système devant lequel ils ont toujours reculé. Ils partaient de ce principe parfaitement juste, tracé par Ulpien : *Non fraudantur creditores, cum quid non acquiritur a debitore, sed cum quid de bonis deminitur* (L. 134, D. de R. J.), et de là, ils concluaient que l'héritier voloutaire, ne devenant héritier et propriétaire que par l'adition, sa répudiation ne lui enlevait pas ces biens, mais l'empêchait seulement de les acquérir, en sorte qu'il n'y avait pas diminution de patrimoine. C'était partir d'un principe juste, pour arriver à des conséquences au moins spécieuses. Les modifications qu'a subies cette règle dans notre ancien Droit français, furent un retour aux vrais principes. Boutaric, et après lui MM. Capmas (p. 15) et Marcadé (V, p. 459), ont voulu disculper le Droit romain, en considérant cette importante modification comme une conséquence logique de l'introduction de la maxime coutumière, *le mort saisit le vif.*

Les principes de la saisine ne me semblent pas nécessaires pour expliquer la règle nouvelle. L'action paulienne, disaient les Romains, n'a pas lieu quand le débiteur néglige d'acquérir. Sans doute, le débiteur auquel on veut acheter ses propriétés le double de leur valeur, le commerçant qui refuse une opération qui lui aurait rapporté des bénéfices énormes et assurés, cela dans le but unique de frauder leurs créanciers, négligent d'augmenter leur patrimoine, et pourtant leur abstention ne saurait être l'objet d'aucun reproche. Mais quand l'on a un droit dans son patrimoine, un droit qui a fait impression sur votre personne, et que l'on y renonce, y a-t-il là cette simple omission, qui ne présente rien de délictueux? N'y a-t-il pas diminution du patrimoine? Du moment que l'on a un droit sur la chose, et une action pour faire valoir son droit, n'est-ce pas comme si l'on avait la chose elle-même? Paul lui-même l'a dit : «*Qui actionem habet ad rem obtinendam, et ipsam rem habere videtur* (L. 15, D. de R. J.). Or, n'est-ce pas le cas d'une renonciation à une succession? Le débiteur n'avait-il pas le titre d'héritier? N'avait-il pas le droit de faire adition d'hérédité.

Ce droit n'était-il pas de même valeur que les choses qui en faisaient l'objet, et en le perdant volontairement par la répudiation qu'il en a faite, n'a-t-il pas diminué son bien d'autant ? Il y a donc bien ici *diminutio patrimonii,* et le Droit romain ne se fondait que sur une subtilité, lorsqu'il refusait l'action paulienne dans les cas de renonciations à des droits acquis.

J'aurais hésité peut-être, bien qu'il puisse se trouver des défectuosités dans les œuvres les plus parfaites, à diriger une accusation de ce genre contre ces jurisconsultes romains que nous sommes habitués à regarder comme nos maîtres, si je n'avais pu invoquer à l'appui de mon opinion, une autorité aussi puissante que celle de Pothier. Voici ses paroles : « *La décision* « *des jurisconsultes romains,* neque enim pauperior fit qui non « acquirat, sed qui de patrimonio suo deposuit, *me paraît* « *avoir plus de subtilité que de solidité. Il est vrai que les choses* « *mêmes qui composaient la succession à laquelle j'ai renoncé,* « *ou le legs que j'ai répudié, ne m'ont jamais appartenu ; mais* « *le droit de recueillir cette succession ou ce legs est un droit qui* « *m'a appartenu, lorsque la succession ou le legs m'a été déféré,* « *en le perdant volontairement par la répudiation que j'en ai* « *faite, j'ai diminué mon bien d'autant.* » (Donat. entre mari et femme, § 88.) Il n'était pas besoin, on le voit, de chercher dans les principes de la saisine l'explication de notre système sur la renonciation à l'hérédité et sur les renonciations gratuites en général.

Si les Romains n'ont pas donné à l'action paulienne toute l'extension dont elle était susceptible, il est des auteurs modernes, au contraire, qui sont tombés dans l'excès opposé. M. Zachariæ, par exemple, applique l'action révocatoire, même aux actes par lesquels on néglige d'augmenter son patrimoine (§ 313). Cette expression est trop large et trop ambiguë ; il faut dire, ce me semble, que les créanciers pourront faire révoquer toute aliénation frauduleuse ou parfois simplement préjudiciable, soit qu'elle porte sur une chose, soit qu'elle porte seulement sur un droit qui se trouvait dans notre patrimoine.

Les droits que l'action paulienne a pour but de faire rentrer dans le patrimoine du débiteur, ne doivent pas être de ceux dont l'exercice, exclusivement réservé à celui qui en est revêtu, est formellement interdit aux créanciers. C'est ainsi qu'ils ne pourront attaquer la renonciation du débiteur à l'action en révocation de donations, pour cause d'ingratitude, la renonciation à une action en dommages-intérêts née d'un délit commis contre la personne du débiteur, etc. Ces actions, nommées en droit romain *actiones vindictam spirantes*, ont moins pour objet une indemnité pécuniaire que la réparation d'un tort moral. Le silence gardé par l'offensé, équivaut à un pardon et s'oppose à ce que toute autre personne puisse, contre sa volonté, intenter une action qui n'a plus de fondement.

La transcription des donations qui n'est qu'une formalité extrinsèque de l'acte, et n'ajoute rien à son mérite ne serait d'aucun poids contre l'action révocatoire. La transcription est bien la condition à laquelle les droits personnels résultant des contrats, peuvent se transformer en droits réels opposables aux tiers, mais elle n'ajoute rien à la valeur intrinsèque de l'acte. Or, c'est précisément cette valeur intrinsèque que les créanciers viennent attaquer. (Grenier, Donat, § 93. — Toullier VI, § 554. Mais les créanciers pourraient avec avantage opposer au donataire le défaut de transcription, s'ils attaquaient la donation comme faite en fraude de leurs droits, et que le donataire pour repousser l'action, leur opposât la date de son titre.

Ni la vigilance des juges, ni la surveillance du ministère public ne peuvent empêcher la fraude de se glisser dans les arrêts de la justice, et de braver sous le masque de la chose jugée, les attaques de ceux qu'elle dépouille ; mais pas plus que les autres formes sous lesquelles la mauvaise foi se déguise, le contrat judiciaire n'est à l'abri de l'action révocatoire, quand il est le résultat d'une collusion frauduleuse entre le débiteur et la partie qui a triomphé dans l'instance.

Le Droit romain déjà, dans sa minutieuse prévoyance, avait consacré ce principe : « *Prœses provinciœ jus pignoris tui exse-* « *quentem te audiet. Nec tibi oberit sententia adversus debitorem* « *tuum dicta, si eum collusisse cum adversario tuo, aut tu dicis,* « *non causa cognita, sed prœscriptione superatum esse constiterit* ». (L. 5, C. VIII, 14). Admise dans notre ancienne jurisprudence, cette règle, selon l'expression de Merlin, *fut généralement reçue dans nos mœurs.* Nous la retrouvons dans l'ordonnance de 1667 (T. XXXV. 2.) et dans un certain nombre d'arrêts rendus à cette époque.

Les rédacteurs du Code de procédure civil l'avaient inscrite en termes formels dans leur projet originaire, au titre de la tierce-opposition. « *A l'égard des jugements, lors desquels la partie n'a* « *pas dû être appelée,* (les créanciers sont dans ce cas, puisqu'ils sont censés représentés par leur débiteur,) *elle ne pourra les at-* « *taquer, qu'en prouvant la collusion, la fraude ou le dol.* » Cette disposition disparut lors de la discussion au conseil d'État ; mais pour des motifs complètement étrangers à la question qui nous occupe ; et ce qui resta constant malgré la suppression de l'article, fut qu'un jugement où se rencontrait la fraude, le dol, ou la collusion, ne pouvait être opposé aux créanciers dont elle lésait les droits ; que dans ce cas ils cessaient d'être représentés par leur débiteur, et qu'ils jouissaient du privilége de la tierce-opposition, chaque fois qu'ils pouvaient prouver que la sentence était injuste, que le débiteur aurait eu des armes pour la combattre, et qu'il n'en avait pas fait usage. Il est inutile d'ajouter, qu'en vertu de l'art. 1166, ils jouiront de tous les moyens que la loi donne au débiteur lui-même, pour faire reformer un jugement qui ne serait pas devenu définitif !

A côté des principes généraux émis dans ce paragraphe, il nous reste des questions de détail à étudier. Nous allons suivre l'action paulienne en l'appliquant successivement à la renonciation, et à l'acceptation de certains droits, aux partages, à la constitution de dot et aux payements.

XI.

La règle exceptionnelle tracée par l'art. 622 sur la renonciation gratuite à l'usufruit (p. 31) est-elle applicable à la renonciation à l'usufruit légal des père et mère? MM. Merlin et
Toullier se sont prononcés pour l'affirmative. Je ne saurais
partager leur opinion, et je pense, qu'une renonciation de ce
genre ne pourrait tomber sous le coup de l'action révocatoire,
que si l'on pouvait prouver d'une part, l'intention frauduleuse du
père ou de la mère qui a renoncé, et de l'autre la complicité
frauduleuse du tuteur *ad hoc*, ou du subrogé-tuteur, qui a accepté pour le mineur. Il s'agit, disent nos adversaires, d'une
renonciation à titre gratuit, et la disposition de l'art. 622 est
générale. Cette argumentation est inexacte : l'usufruit pater-
nel est bien un avantage pour celui qui en est revêtu : mais ce
n'est pas un avantage purement gratuit. Il est soumis à certaines charges qui peuvent le rendre très-onéreux : ce sont outre
les charges ordinaires auxquelles sont soumis tous les usufrui-
tiers, la nourriture, l'entretien et l'éducation des enfants. Cette
obligation est bien différente de celle qui est créée par l'art.
205 ; car elle se calcule, non pas d'après la fortune de l'usufrui-
tier, mais d'après l'importance des biens grevés (art. 385 n° 2),
elle subsiste, et cela encore à la différence de celle de l'art.
205, même dans le cas, où les enfants possèdent des bien personnels non soumis à l'usufruit légal, et suffisants pour leur entretien. Celui des parents, qui jouit de l'usufruit légal, n'est-il
pas tenu d'acquitter, en outre, les arrérages ou intérêts des
capitaux non payés au jour de l'ouverture de l'usufruit. Que
l'on ajoute encore les frais funéraires et ceux de dernière ma-
ladie des personnes à la succession desquelles sont appelés les
enfants ; et pourra-t-on dire après cela que cet usufruit est gratuit, et que le père, qui en y renonçant se décharge de toutes
les obligations auxquelles il était soumis, a fait un acte de pure

libéralité que rien ne vient compenser? L'usufruit légal (tel que l'a constitué le Code) n'a pas été établi pour avantager les parents du mineur, mais pour mettre fin à ces procès scandaleux que faisaient naître jadis les comptes de revenus entre les pères et leurs enfants. Il est donc juste, d'après cela, d'assimiler cet usufruit à un acte à titre onéreux, sa renonciation à une *datio in solutum* et d'exiger les mêmes conditions de recevabilité pour l'action paulienne, dans ce cas, que lorsqu'il s'agit de toute autre *datio in solutum* (Voy. plus loin § XVIII).

Quid si la renonciation avait été tacite et indirecte, ce qui arrive dans le cas où elle n'est qu'une conséquence de l'émancipation? Les créanciers, auraient-ils le droit d'attaquer l'émancipation, pour faire ainsi tomber la renonciation à l'usufruit. Cette question était déjà vivement controversée dans notre ancien droit, et en 1636 le Parlement de Paris, s'était prononcé pour la négative. Sous l'empire du Code, l'opinion favorable à la révocation a trouvé dans Merlin, un défenseur énergique; et la discussion s'est ranimée entre lui et M. Toullier. MM. Aubry et Rau, après s'être rangé du côté de Merlin (§ 119, note 9), l'ont abandonné plus tard (§ 513, note 14). L'opinion favorable au maintien de l'émancipation semble la plus conforme aux principes. Les créanciers, en provoquant la révocation d'une émancipation s'immisceraient dans l'exercice de la puissance paternelle. Or, la puissance paternelle est un de ces droits essentiellement personnels au débiteur, qui sont hors de la portée des créanciers; nul d'entre eux n'a le droit de se plaindre de l'exercice qu'en a fait le débiteur. L'usufruit légal, n'est qu'un accessoire de cette puissance paternelle, puisqu'il peut cesser alors qu'elle continue à subsister : or, les créanciers ne pourraient arriver à la révocation de ce droit accessoire qu'en faisant révoquer l'émancipation qui est l'acte principal; ce droit ne peut leur appartenir.

Quelle est du reste la durée de l'usufruit? Il finit à dix-huit ans et le mineur ne peut être émancipé qu'à quinze ans.

Ce n'est donc pas comme l'usufruit ordinaire ou l'usufruit légal des pays de droit écrit, un avantage dont la durée soit généralement suffisante pour désintéresser des créanciers. Droit passager, l'on ne saurait, pour le resaisir, accorder aux créanciers le droit de porter la main sur la liberté de l'enfant.

Le système de Merlin, ne s'appuie que sur un argument *a contrario* tiré de la loi 6, § 3, h. t. : « *Simili modo dicendum est, et si filium suum emancipavit ut suo arbitrio adeat hœreditatem cessare hoc edictum.* » Cette disposition, selon lui, n'est que la conséquence du principe, constant en Droit romain, que l'action paulienne ne s'étend pas jusqu'à l'omission d'acquérir, et, par suite, ne frappe pas la répudiation d'une hérédité. Et comme c'est là le seul motif de ce texte, il en conclut que l'émancipation est elle-même soumise à l'action révocatoire, lorsqu'elle a pour objet de dépouiller le père en fraude de ses créanciers, de droits dont il jouissait en tant, que revêtu de la puissance paternelle. — L'argumentation de Merlin me parait inexacte. Sans doute, dans le fragment cité, ce sont les principes romains sur la répudiation même frauduleuse d'une succession qui entraîneraient le reget de l'action paulienne contre l'émancipation. Mais Ulpien, ne dit pas que ces raisons soient les seules ; il serait étonnant que les Romains, si jaloux de l'autorité du père de famille, que ce peuple chez lequel la puissance paternelle était plus forte et plus vivace que dans toute autre législation, aient jamais accordé aux créanciers un droit de cette nature (Cass. 23 brum. an IX).

XII.

Dans le principe, les tribunaux donnèrent aux créanciers le droit de faire condamner le débiteur à se porter héritier, en lui donnant caution de le garantir et indemniser, si les dettes surpassaient les forces de la succession. Plus tard, pour vaincre l'indifférence et la mauvaise volonté des débiteurs constitués ainsi héritiers malgré eux, on leur subrogea directement les créanciers, sans même les obliger à donner caution. Cet usage étendu plus tard à des renonciations à d'autres droits, tels que les substitutions, l'usufruit, la communauté, la prescription, fut formulé en règle générale dans l'art. 1166, et devint le fondement de l'action subrogatoire.

En ce qui concerne les successions, l'art. 788 l'a reproduite. *« Les créanciers de celui qui renonce au préjudice de leurs droits « peuvent se faire autoriser en justice à accepter la succession du « chef de leur débiteur, en son lieu et place. — Dans ce cas, la « renonciation n'est annulée qu'en faveur des créanciers, et jus- « qu'à concurrence seulement de leurs créances: elle ne l'est pas « au profit de l'héritier qui a renoncé. »*

Les créanciers doivent, comme dans toutes les autres hypothèses, prouver que la renonciation leur est préjudiciable ; ce qui ne peut avoir lieu que dans le cas, où le débiteur est insolvable. M. Chardon n'est pas de cet avis (§ 265) : il soutient, que comme il ne s'agit que de l'exercice de l'action subrogatoire, l'on ne doit pas s'inquiéter de l'insolvabilité du débiteur ; il va même jusqu'à refuser aux cohéritiers le bénéfice de discussion. Sans doute, il s'agit d'exercer les droits du débiteur et d'arriver à l'art. 1166, mais le débiteur a renoncé à un droit ; il y a là, un acte accompli qu'il faut faire rescinder, et l'on ne peut le faire, qu'au moyen de l'action révocatoire.

Ainsi, nous admettons cette action avec toutes celles de ses conditions que la loi n'aura pas formellement exclues : la fraude ne sera pas nécessaire, mais le préjudice le sera ; pour le prouver ou le combattre, le créancier devra rapporter la preuve de l'insolvabilité de son débiteur, et les autres héritiers jouiront du bénéfice de discussion. C'est, croyons-nous, à tort que les arrêtistes et MM. Aubry et Rau (§ 613, note 31) citent, comme contraire à la dernière partie de notre solution, un arrêt de la Cour de Bourges, du 19 décembre 1821, qui aurait autorisé un créancier à accepter une succession, au lieu

et place de son débiteur, sans avoir préalablement discuté les
biens de ce débiteur et ainsi fait constater *juridiquement* son
insolvabilité. Il est bon de remarquer comme circonstance de
fait cet arrêt, que le débiteur était poursuivi depuis longtemps,
et qu'au moment de la renonciation, il avait déjà été expro-
prié. La cour avait évidemment trouvé dans ces faits, les caractères de l'insolvabilité suffisants, pour motiver sa décision.

Les cohéritiers du débiteur qui renonce, ont le droit d'écarter le créancier, en lui offrant de le désintéresser.

Les créanciers, quoiqu'acceptant l'hérédité du chef de leur
débiteur, ne seront pas plus que lui, héritiers du défunt. Car,
après que les dettes auront été payées, le surplus de l'hérédité,
s'il y en a un, se partagera entre les cohéritiers du débiteur
renonçant, ou à leur défaut passera aux héritiers du degré
subséquent. Quant aux créanciers, leur rôle est terminé, ils
n'ont plus aucun droit sur l'hérédité et ne sont personnellement tenus d'aucune dette du défunt.

XIII.

Il nous reste, pour compléter la théorie de l'action paulienne
en matière de renonciations, à dire quelques mots de la renonciation à une substitution, à la communauté, à la prescription.

« *L'abandon anticipé de la jouissance au profit des appelés,*
« dit l'art. 1053, relatif aux substitutions permises, *ne pourra*
« *préjudicier aux créanciers du grevé antérieurs à l'abandon.* »
La question, ainsi résolue par le Code, n'était pas nouvelle.
Callistrate et Papinien se l'étaient déjà posée, et tous deux
avaient formulé cette règle, reproduite par le Digeste (L. 19 et
20, D. h. t.), que le débiteur, en restituant le fidéicommis
avant le terme, ou sans retenir la quarte trébellienne, n'avait
pas fraudé ses créanciers, mais qu'il n'avait fait que remplir
avec plus d'exactitude la volonté du défunt : *plenam fidem ac
debitam pietatem secutus.* Le droit intermédiaire avait diverse-

ment interprété ce passage : des auteurs appliquaient les lois 19 et 20 à toutes les renonciations à un fidéicommis ; d'autres faisaient une distinction entre le cas où la remise était faite à un parent collatéral et celui où elle était faite à un parent de la ligne directe, et ce n'est que dans cette dernière hypothèse qu'ils suivaient la règle du Droit romain, *plenam fidem ac debitam pietatem secutus.* L'ordonnance de 1747 mit fin à ces hésitations : elle abrogea la règle du Droit romain et la fiction légale sur laquelle elle reposait, en proclamant dans son art. 42 ce principe protecteur des droits des tiers, que le Code civil a textuellement reproduit (art. 1053).

Nous n'avons rien à ajouter au commentaire que nous avons donné de l'art. 1464, sur la renonciation à la communauté. « *Les créanciers de la femme peuvent attaquer la renonciation qui « aurait été faite par elle ou par ses héritiers en* fraude *de leurs « créances et accepter la communauté de leur chef* (1464). » A la différence des renonciations régies par les 622, 788, 1053 et 2225, la renonciation à la communauté ne pourra être attaquée que si elle a été *frauduleuse ;* dans tous les cas, les créanciers pourront l'attaquer, même si elle avait été tacite, comme dans le cas de l'art. 1463.

Il est une dernière renonciation qui a été de la part du législateur, l'objet d'une disposition spéciale : la renonciation à la prescription. «Art. 2225. *Les créanciers ou toute autre per-« sonne ayant intérêt à ce que la prescription soit acquise, peuvent « l'opposer, encore que le débiteur, ou le propriétaire y renonce.* »

Que celui qui est en état de faire honneur à tous ses engagements, se montre libéral envers l'un de ses créanciers, en renonçant à une exception péremptoire qu'il aurait pu opposer à sa demande, en refusant, par exemple, d'invoquer la prescription, il ne fera qu'obéir à un sentiment très-honorable ; mais que le débiteur insolvable renonce à une prescription, n'est-ce pas se montrer généreux aux dépens d'autrui, faire une restitution avec l'argent de ses autres créanciers ; et n'a-t-

on pas raison dès lors de lui opposer la maxime : *Nemo liberalis
nisi liberatus?* Tels sont les motifs qui ont fait reproduire dans
l'art. 2225 un principe admis déjà dans notre ancienne jurisprudence (Bordeaux, 21 mars 1673).

Si le débiteur n'a invoqué ni refusé le bénéfice de la prescription, ses créanciers pourront se faire subroger directement
à ses droits, pour les faire valoir. Mais une fois qu'il a renoncé
à la prescription, pourront-ils revenir contre cet acte? MM.
Vazeilles (§ 352) et Dalloz refusent l'action révocatoire contre
l'acte de renonciation une fois consommée, et leur système a
été admis par la Cour de Nancy, le 25 août 1829. L'art. 2225,
disent-ils, parle du débiteur qui renonce et non de celui qui a
renoncé. Cela est vrai; mais l'art. 788 parle aussi de l'héritier
qui renonce, et jamais l'on n'a entendu restreindre cette expression à son sens grammatical. Si, du reste, il fallait adopter
cette opinion, l'art. 2225 deviendrait complétement inutile,
puisqu'il ne serait plus qu'une application de l'art. 1166, avec
lequel il ferait double emploi.

XIV.

L'art. 788 permet aux créanciers de l'héritier de faire rescinder la renonciation qui leur est préjudiciable; la loi les au-
torise-t-elle à demander par voie d'action paulienne, la rétrac-
tation de l'acceptation qui aurait été la suite d'une collusion
concertée entre l'héritier et les créanciers héréditaires, afin de
repousser les poursuites que ceux-ci voudraient exercer à leur
préjudice, sur les biens de ce dernier? Pour leur refuser l'action paulienne, l'on pourrait dire que ce serait leur accorder
indirectement le bénéfice de séparation de patrimoine que
l'art. 881 leur dénie ; nous croyons cependant qu'elle sera
recevable.

La loi romaine déjà refusait le bénéfice de séparation de patrimoine aux créanciers de l'héritier, par la raison qu'on ne

peut empêcher un débiteur de contracter de nouvelles dettes, et de s'obliger par l'adition d'hérédité envers les créanciers du défunt : « *Nam licet alicui, adjiciendo sibi creditorem, creditoris* « *sui facere deteriorem conditionem* (L. 1, § 2, D. *De separ.*). » Or, le préteur avait créé une exception à ce principe absolu : « *Quæsitum est,* dit Ulpien, *an interdum etiam heredis credito-* « *res possunt separationem impetrare, si forte ille in fraudem ip-* « *sorum adierit hereditatem? Sed nullum remedium est proditum :* « *sibi enim imputent, qui cum tali contraxerunt, nisi si extra or-* « *dinem putamus prætorem adversus calliditatem ejus subvenire* « *qui talem fraudem commentus est. Quod non facile admissum est* (*L. cit.,* § 5). » L'action paulienne sera donc admise dans cette hypothèse ; mais ce ne sera qu'avec une extrême réserve : il faudra établir et la fraude de l'héritier et la connivence des créanciers. La jurisprudence des parlements admit les créanciers de l'hérédité au bénéfice de séparation de patrimoines. Il ne pouvait être question alors de l'action paulienne. L'opposition de Pothier (Success., V, 4) et de Lebrun à la nouvelle jurisprudence, fut écoutée des rédacteurs du Code, et l'on en revint aux principes du Droit romain. Le § 2 de la loi 1 (D. *de separ.*) donna naissance à l'art. 881, et le § 5 fut implicitement compris dans les termes généraux de l'art. 1167.

Il est bien évident que l'acceptation frauduleuse de l'hérédité ne sera révoquée que vis-à-vis des créanciers de l'héritier, et que cette révocation n'aura pour effet que d'empêcher les créanciers de la succession de saisir les biens de l'héritier, avant le payement intégral de ses dettes personnelles.

Si la succession était notoirement mauvaise, les créanciers pourraient-ils faire révoquer la renonciation ? C'est là une de ces questions inutiles à poser et inutiles à résoudre, car elles ne présentent jamais aucun intérêt pratique. On peut du reste répondre d'un mot : les créanciers seront sans intérêt pour demander la révocation, et seront repoussés comme tels.

M. Capmas ne croit pas l'action recevable, si l'acceptation

de la succession obérée, abstraction faite de toute intention frauduleuse, n'est que le résultat d'un sentiment de respect exagéré pour la mémoire du défunt (p. 97). Je cherche vainement où trouver cette exception aux principes généraux d'interprétation en matière de fraude. Les motifs les plus honorables ont guidé l'héritier, cela est possible; mais il est une obligation naturelle, antérieure même au devoir de ne pas laisser flétrir une mémoire qui vous est chère; c'est de payer ses dettes avant celles des autres, et de ne se montrer généreux qu'à ses propres dépens. ¹

L'acceptation de la communauté n'engageant la femme que jusqu'à concurrence de son émolument (art. 1483), ne peut, en règle générale, causer de préjudice aux créanciers; cela ne pourrait arriver que dans le cas où la femme n'aurait accepté la communauté que pour décharger les héritiers de son mari de la reprise de son apport stipulée par le contrat de mariage, en cas de renonciation à la communauté (art. 1514). Dans ce cas, Pothier (n° 559) déclare que les créanciers pourront faire annuler l'acceptation frauduleuse et exercer la reprise de l'apport de leur débitrice, jusqu'à concurrence de ce qui leur est dû.

XV.

Les fraudes commises en renonçant à une succession opulente, ou en acceptant une succession obérée, sont rares, car elles n'offrent aucun avantage au débiteur qui les commet. Il n'en est pas de même, de celles qui peuvent être commises lors du partage. Le débiteur peut laisser réduire son lot par des rapports auxquels il n'est pas tenu, il peut se faire donner un lot plus considérable de valeurs mobilières, valeurs qu'il lui sera facile de dénaturer, ou au moins de soustraire aux saisies : l'on est intéressé à connaître en temps utile les créances attribuées au débiteur, pour empêcher par des saisies-arrêts, qu'il ne se fasse payer directement. Il fallait protéger les intérêts de ces créanciers, sans toutefois exposer les partages de biens héréditaires à cette menace continuelle de révocation. Tel est le but de la disposition exceptionnelle de l'art. 882. *«Les «créanciers d'un copartageant, pour éviter que le partage ne soit «fait en fraude de leurs droits, peuvent s'opposer à ce qu'il y soit «procédé hors de leur présence : ils ont le droit d'y intervenir à «leurs frais; mais ils ne peuvent attaquer un partage consommé, «à moins toutefois qu'il n'y ait été procédé sans eux et au préju«dice d'une opposition qu'ils auraient formée.»* Cet article renferme pour le créancier deux droits distincts : 1° Celui de s'opposer à ce que le partage ait lieu hors de sa présence, ou d'y intervenir en temps opportun ; 2° celui d'attaquer tout partage fait en son absence et au mépris de son opposition. Occupons-nous d'abord du premier de ces droits.

L'opposition peut être faite par acte extrajudiciaire : dans ce cas, il faut le signifier tant à l'héritier débiteur, qu'à ses autres cohéritiers; car ceux-ci, n'ayant pas connaissance de l'opposition qui ne leur aurait pas été signifiée, pourraient procéder à un partage qui, vis-à-vis d'eux, serait inattaquable; et comme on ne pourrait le rescinder pour les uns et le laisser subsister pour les autres, le partage serait maintenu vis-à-vis de tous.

L'opposition au partage peut encore être faite lors de l'opposition à la levée des scellés, s'ils ont été apposés, et que les créanciers personnels de l'héritier se soient opposés à leur levée; les deux oppositions se font alors dans la même forme, c'est-à-dire, par une déclaration sur le procès-verbal de scellés ou par exploit signifié au greffier du juge de paix; dans ce cas, il n'est plus nécessaire de la notifier à tous les intéressés; le greffier du juge de paix les représente. Mais la simple opposition aux scellés équivaudrait-elle de la part du créancier de l'héritier à une opposition à partage? L'on a dit pour la négative que l'opposition à scellés et celle à partage sont complétement distinctes; que la première n'a pour but, de la part des créanciers de l'héritier, que d'empêcher que leurs droits ne soient lésés par des détournements des dissimulations de valeurs héréditaires, ou bien encore par la soustraction d'un testament fait par le défunt en faveur de leur débiteur; qu'elle n'avait donc qu'un but, l'inventaire; qu'elle n'était qu'une simple mesure conservatoire qui rendrait les dispositions de l'art. 882 du Code civil complétement superflues, si elles devaient produire le même effet. L'on disait encore que le seul fait d'admettre que l'opposition au partage peut être faite lors de l'opposition aux scellés, prouve que ces deux mesures sont complétement distinctes. — Je crois cependant, que l'opposition aux scellés équivaut à l'opposition à partage. L'opposition aux scellés de la part des créanciers héréditaires a des conséquences importantes; ils peuvent par eux-mêmes ou par un mandataire, assister aux opérations de la levée des scellés et de l'inventaire, faculté dont ne jouissent pas les créanciers opposants de l'un des héritiers. C'est que les premiers exercent une action contre la succession dont tout l'actif est le gage. Les seconds n'ont de droits que sur la part de leur débiteur, part qui est encore incertaine. L'on comprend la nécessité d'initier les premiers aux secrets de famille. Cette nécessité n'existe pas vis-à-vis des derniers : leur opposition n'a d'autre effet que de conserver leur gage et d'empêcher une cession frauduleuse à l'un des cohéritiers.

L'opposition peut encore se faire par une demande en intervention notifiée à tous les héritiers; cela a lieu dans les partages judiciaires. Mais le pouvoir des créanciers de l'héritier va-t-il jusqu'à leur donner le droit d'exiger que le partage ait lieu judiciairement? La Cour de cassation a résolu la question négativement par un arrêt du 20 janvier 1843 (Sir. 43, 1, 119). Peut-être des circonstances de faits ont-elles influé sur sa décision; pourtant il faut reconnaître que les droits des créanciers de l'héritier ont été spécialement limités par l'art. 882; et que l'on ne saurait ni les étendre ni les modifier, que l'on se place sur le terrain de l'art. 1167 ou sur celui de l'art. 1166.

Le partage consommé est inattaquable, à moins qu'il n'y ait eu une opposition, et que l'on n'ait passé outre. Mais les créanciers qui ne pourront plus le critiquer en leur nom personnel, pourront toujours se faire subroger aux droits de leur débiteur et combattre le partage consommé, au moyen de l'action en nullité, en lésion ou en rescision.

Le partage sous seing-privé qui n'a pas reçu date certaine (art. 1328) ne peut être produit vis-à-vis des créanciers, comme antérieur à leur opposition. Pour soutenir le contraire, il faudrait, avec M. Toullier, admettre que les créanciers agissent comme ayant-cause de leur débiteur, opinion que nous avons déjà combattue.

Les créanciers ont droit d'assister au partage et à toutes les opérations équivalant à un partage. *Quid* d'une liquidation à laquelle ils n'auraient pas été appelés? La licitation est une manière de sortir d'indivision, et si c'est un des cohéritiers qui s'est rendu adjudicataire, elle équivaut à partage : dans ce cas, le créancier pourra attaquer la vente. Si c'est un tiers qui s'est rendu adjudicataire, ce n'est plus un partage, c'est une vente que les héritiers pouvaient faire, et le créancier ne pourra que former opposition entre les mains de l'adjudicataire, sur la portion de prix attribuée à son débiteur.

Le créancier qui n'a pas formé opposition avant le partage ne pourra plus attaquer le partage consommé; il ne pourra pas former tierce opposition au jugement qui en a posé les bases : ce serait indirectement lui permettre d'attaquer le jugement consommé (Riom, 11 févr. 1830). Mais faut-il donner au mot *fraude* de l'art. 882 le sens de *préjudice*, en sorte que les créanciers soient fondés à attaquer en leur nom un partage frauduleux, bien qu'ils n'aient fait aucune opposition? — Cette question a divisé les auteurs, et les Cours ont rendu un grand nombre d'arrêts en sens contraire. Les Cours d'Angers (22 mai 1817),

de Colmar (31 mai 1820), de Pau (28 mai 1834) de Bor
deaux (6 mai 1833, 29 nov. 1836), et de Riom (23 juillet
1839), ont décidé que l'art. 882 s'applique même aux partages
frauduleux. Cette opinion nous semble seule admissible, et la
discussion à laquelle nous nous sommes livrés (p. 31) sur le
sens des mots *fraude* et *préjudice* nous dispense de la développer. Les dispositions de l'art. 882 sont absolues et restreignent
dans un cercle étroit l'action des créanciers. C'est une exception formelle au principe de l'art. 1167, exception qui est
inscrite dans le § 2, et qui serait parfaitement inutile si les
partages frauduleux pouvaient être attaqués en vertu du § 1.
L'art. 882 se comprend du reste fort aisément : l'on n'a pas
voulu que des créanciers pussent venir troubler le repos
des familles, en attaquant tardivement comme frauduleux
des actes habituels et nécessaires, qu'ils peuvent aisément prévoir, et auxquels ils peuvent assister, si leur intérêt l'exige.

Les Cours d'Agen (24 févr. 1824), de Grenoble (15 mai
1824), de Bordeaux, 2e ch. (11 juillet 1834), de Paris (10 juillet 1839), de Montpellier (11 juillet 1839) ont soutenu l'opinion contraire. Aux raisons que nous venons de donner pour
combattre leur système, l'on peut ajouter une observation,
c'est que la plupart des partages ainsi annulés étaient non-
seulement entachés de fraude, mais encore de simulation, ce
qui faisait naturellement tomber la déchéance exceptionnelle
de l'art. 882. Les arrêts de la Cour de Paris, de Montpellier
et de Bordeaux disent formellement que le partage n'était que
simulé, que, par conséquent, on pouvait le regarder comme
non existant, *sunt quasi non essent*. La Cour de Montpellier
s'est encore appuyée sur un argument tiré de l'art. 1464, dans
lequel elle a interprêté le mot *fraude* par celui de *préjudice*.
Nous avons déjà répondu à cet argument. La Cour de Toulouse
(8 décembre 1830) a adopté une opinion mixte à laquelle s'est
rangé M. Vazeille. Elle accorde l'action révocatoire aux créanciers non opposants, si tous les cohéritiers ont participé à la

fraude, et elle restreint l'art. 882 au cas où le débiteur seul était de mauvaise foi. Cette distinction ne se trouve pas dans la loi : elle crée à l'art. 882 une exception qui ne se fonde ni sur un texte, ni même sur une raison juridique. La plupart des auteurs l'ont repoussée.

L'art. 882 est-il spécial aux partages de succession, ou devons-nous, en vertu de l'art. 1872, l'appliquer aux partages entre associés ? — Nous ne le pensons pas : l'art. 1872 renvoie bien au chap. VI du titre des successions ; mais il ne veut parler que des obligations entre communiers, des formalités du partage, de la garantie des lots, des voies de recours ouvertes aux communiers eux-mêmes, et non pas des droits des créanciers. Les motifs ne sont pas les mêmes : l'art. 882 a eu pour but d'éviter les troubles qui résulteraient évidemment pour toute une famille de la rescission d'un partage demandé par un créancier ; toute l'économie des dispositions relatives aux partages trahissent cette constante préoccupation du législateur à empêcher le plus possible, les créanciers de s'immiscer dans les affaires de famille ; il n'en est pas de même quand il s'agit d'un acte intervenu entre des individus qui sont étrangers les uns aux autres, et qui ne sont unis que par les liens d'une spéculation commune.

L'ouverture d'une succession est du reste un fait notoire ; l'on comprend la déchéance de créanciers peu diligents qui n'ont pas songé à faire valoir leurs droits en temps utile. La dissolution d'une société, d'une société civile surtout, est un fait qui n'est assujetti à aucune formalité de publication. Comment punir des créanciers de n'avoir pas agi, lorsqu'il leur était impossible de savoir qu'un partage avait lieu !

XVI.

Les créanciers de la femme ne peuvent, sans son consentement, demander la séparation de biens ; néanmoins, en cas de faillite ou de déconfiture du mari, ils peuvent exercer les droits de leur débitrice jusqu'à concurrence du montant de leur créance (art. 1166 et 1446). Ce n'est là qu'une modification aux principes de la subrogation légale. — Si la séparation est poursuivie soit par la femme, soit par ses créanciers personnels et de son consentement, les créanciers du mari pourront, jusqu'au jugement définitif, sommer l'avoué de la femme de leur communiquer la demande en séparation et les pièces justificatives. Ils pourront même intervenir dans l'instance en séparation de biens, non-seulement pour discuter les répétitions de la femme qu'ils croiraient exagérées en fraude de leurs droits, mais même pour contester la séparation elle-même, et empêcher qu'elle ne soit prononcée (art. 1447). Si la séparation a été prononcée en fraude de leurs droits, ils peuvent se pourvoir par toutes les voies de recours ordinaires et extraordinaires. Ils peuvent interjeter appel du jugement qui aurait prononcé, quoique n'étant pas intervenus en première instance ; ils peuvent se pourvoir en cassation contre le jugement ou l'arrêt qui l'aurait admise dans les mêmes circonstances. Si la séparation est devenue définitive, si même elle a déjà été exécutée, les créanciers pourront la faire rescinder au moyen de la tierce opposition. Mais si les formalités prescrites par les art. 865 à 872 du Code de procédure ont été observées, passé le délai d'un an, les créanciers du mari ne seront plus recevables (art. 873 Proc. civ.).

Si le jugement de séparation de biens a également statué sur la liquidation des reprises de la femme, la déchéance dont parle l'art. 873 s'applique-t-elle également à cette partie du jugement? — MM. Toullier et Duranton sont de cet avis, et la Cour de cassation (4 décembre 1815) avait admis leur opinion. Un certain nombre de Cours s'étaient rangées à sa jurisprudence, quand la Cour suprême vint, par deux arrêts, à modifier complétement son premier système. Elle fit une première distinction pour le cas où les reprises de la femme étaient liquidées par un jugement séparé, postérieur à celui qui aurait prononcé la séparation de biens (26 mai 1833) : c'était aussi la doctrine de M. Thomine Desmazures (sur l'art. 873). Le jugement de liquidation, disait-elle, n'a pas reçu la publicité extraordinaire du jugement de séparation : tandis que si la liquidation est faite par le jugement même de séparation ; si, comme ce jugement, dont elle n'est qu'une partie, elle a été publiée, affichée; si, en un mot, elle participe à la même publicité, la tierce opposition contre les deux dispositifs du jugement doit être soumise aux mêmes délais. — Cette solution semblait plus subtile que rationnelle. Aussi, la Cour de cassation ne s'est pas arrêtée là, et dans un arrêt postérieur du 11 novembre 1835, elle a décidé que, dans tous les cas, la tierce opposition contre le jugement de liquidation durerait trente ans, que cette liquidation eût été prononcée par un jugement distinct ou par le jugement de séparation lui-même. Cette opinion, qui est celle des Cours de Rouen (10 mai 1833), Grenoble (6 juin 1829) et Toulouse (7 décembre 1832) nous semble en effet la plus conforme à l'esprit de la loi. L'action en séparation de biens et celle en liquidation des reprises de la femme, bien qu'elles puissent être, à raison de leur connexité, jugées simultanément, se distinguent et par leur nature, et par leur objet, et par leurs effets. Le jugement de séparation modifie l'état des époux et les droits du mari : on ne saurait prolonger longtemps l'incertitude sur le sort d'un pareil acte : il fallait donc fixer aux créanciers du mari un délai passé lequel ils ne seraient plus recevables. La liquidation, au contraire, peut se faire par acte notarié, par le jugement de séparation ou par un jugement distinct : elle peut être longue et difficile. Elle rentre dans la classe des actes ordinaires qui ne nécessitent pas une solution immédiate et irrévocable. Enfin, l'art. 873 n'est qu'une exception, et les exceptions sont de droit étroit.

XVII.

La constitution de dot est-elle soumise aux règles de l'action paulienne sur les actes à titre gratuit ou sur les actes à titre onéreux? En d'autres termes, la dot est à l'égard de chacun des deux époux le paiement d'une obligation, et par conséquent les créanciers du constituant ne peuvent-ils en demander la révocation qu'autant que les deux époux auront concouru à la fraude? Cette question est vivement discutée : la modification que la Cour de cassation a apportée à sa jurisprudence lui donne un nouvel intérêt.

Le Droit romain a toujours considéré la dot comme procédant d'un titre onéreux vis-à-vis du mari : «*Dotis titulus*, disait «Godefroi (*ad* L. 25 h. t.), *mulieris intuitu seu qua mulierem* «*intuemur, lucrativus est, qua maritum onerosus.*» Cujas nous en donne le motif : «*Marito enim qui dotem accepit, abesse intelligi-* «*tur pecunia quam quotidie erogat et consumit in onera matri-* «*monii, quæ sunt innumera.*» Vis-à-vis de la femme au contraire, la dot conserva toujours son caractère de libéralité, et il fallait qu'il fut bien inhérent, pour avoir résisté aux modifications profondes que subit la constitution de dot. Dans le principe, ce n'était de la part du père de famille qu'une libéralité spontanée et toute volontaire; la loi *Julia* et *Pappia Poppea* en firent une obligation expresse pour le père et le grand-père, vis-à-vis de leurs enfants et petits enfants. Plus tard et toujours dans le but de combattre les progrès continuels du célibat, des constitutions impériales étendirent cette disposition à la mère dans certains cas spéciaux; *ex magna et probabili causa*, disent les textes. Comme la dot n'était imposée au père que pour faciliter le mariage de l'enfant, l'on peut en conclure que cette *magna et probabilis causa* avait lieu quand la dot apparaissait comme seul moyen pour la fille de trouver un mari. Les autres parents n'étaient pas tenus de doter (L. 14, *C. de jure dot.*, V, 12).

D'après cela, l'on aurait pu dire que la fille qui avait une action pour se faire doter recevait la dot à titre onéreux. Il n'en était rien pourtant, et la dot ne perdit pas vis-à-vis de la fille le caractère d'acte à titre gratuit. Aussi, les auteurs se demandant à quelles conditions l'on pourrait attaquer la constitution dotale au moyen de l'action paulienne, la déclarent recevable contre la femme dans tous les cas, mais ne l'accordent contre le mari que s'il a pris part à la fraude. «*Si neuter scierit,* dit Vénuleius, *quidam existimant nihilominus in filiam dandam ac-«tionem quia intelligitur quasi ex donatione aliquid ad eam per-«venisse... In maritum autem qui ignoraverit non dandam actionem.*» (L. 25, § 1, D. h. t.)

Les pays de droit écrit adoptèrent ces principes; comme en droit romain, l'on astreignit les parents à l'obligation de doter leurs filles (Despeisses, Dot., I), et l'on appliqua à la constitution dotale la loi 25 sur l'action révocatoire. «Si le mari, dit «Furgole (Testam., ch. XI, s. 1), a reçu la dot, on distingue «s'il a connu la fraude ou non; au second cas, les créanciers «ne peuvent pas agir contre lui, parce qu'il est considéré comme «créancier ou acheteur, mais au premier cas la révocation n'a «lieu que s'il s'agit de l'intérêt de la femme à laquelle la dot a «été constituée; on n'examine pas si elle a eu connaissance de «la fraude, parce qu'à son égard c'est une libéralité et un titre «lucratif.» Dans les pays coutumiers, où les principes du Droit romain étaient étrangers surtout en matière de conventions matrimoniales, la dot ne fut jamais regardée que comme une dette naturelle pour laquelle les enfants n'avaient pas d'action (Merlin, v° Dot. § 1, n° 6). Entre ces deux systèmes, celui des pays de droit écrit, faisaient de la dot une obligation pour les parents, et celui des coutumes, qui avaient proclamé cette maxime : *Ne dote qui ne veut,* les rédacteurs du Code avaient un choix à faire : ils adoptèrent la règle des pays coutumiers, et dans les art. 204 et 1540, ils ont fixé d'une manière plus évidente encore le caractère de la dot : «*L'enfant n'a pas d'action contre* «*ses père et mère pour un établissement par mariage.*» Et la dot est définie : le bien que la femme apporte au mari pour supporter les charges du mariage (*cum indotatam uxorem ducturus non fuerit*). L'on peut donc dire avec Duranton (X, 579) que chez nous la constitution de dot par le père a encore plus le caractère d'une libéralité, s'il est possible, qu'elle ne l'avait chez les Romains. Aussi, la grande majorité des auteurs avait admis que, chez nous comme à Rome, la fraude du constituant était insuffisante à l'égard du mari seul pour faire tomber la dot sous l'action révocatoire des créanciers, dans le cas où il aurait ignoré cette fraude, mais qu'à l'égard de la femme sa bonne foi ne pouvait la protéger (Bastia, 27 août 1838; Paris, 31 janvier 1845; Req., 25 février 1845).

La jurisprudence était d'accord avec la doctrine, quand tout à coup la Cour de Cassation, par un de ces retours subits dont elle ne donne que trop d'exemples, abandonna sa jurisprudence antérieure, et décida, par arrêt de la chambre civile, rendu le 2 mars 1847 (Dall. 47, 1, 129), sur les conclusions conformes de M. l'avocat-général Delangle, que la constitution de dot avait le caractère d'un contrat onéreux, même vis-à-vis de la fille, et qu'en conséquence les créanciers n'en pouvaient obtenir la révocation, si les deux époux avaient été de bonne foi. Cette doctrine, émise pour la première fois par Chardon (nᵒ 238), reproduite dans les arrêts du 25 juin 1847, 14 mars 1848, et adoptée par la Cour de Bourges le 9 août 1848 (Dall., 48, 2, 153), souleva une vive émotion dans le monde judiciaire.

Sur quoi se fondait la jurisprudence nouvelle. Sur deux arguments tirés des art. 1547, 1359 et 959. Voici le premier : «*Attendu que, d'après l'art. 1547, ceux qui constituent la dot* «*sont tenus à la garantie des objets constitués, ce qui est un des* «*éléments du contrat onéreux, et répugne aux dispositions pure-* «*ment gratuites...*» —Est-il bien exact de voir dans l'obligation de garantir un caractère du contrat onéreux? Un contrat est onéreux quand l'avantage qu'il procure à l'une des parties lui est concédé moyennant une prestation qu'elle a fournie, ou à laquelle elle s'oblige : or, la fille qui reçoit une dot, contracte-t-elle aucune obligation nouvelle vis-à-vis de son père? La garantie n'est pas un des éléments, une des conditions essentielles du contrat onéreux ; ce n'est qu'une condition naturelle, et la meilleure preuve, c'est que l'on peut y renoncer. Sans doute, les donations n'emportent pas en général, obligation de garantir ; mais il ne faut pas dire, comme l'arrêt, que cette obligation leur répugne. La donation dans laquelle elle a été stipulée, ne cesse pas d'être un contrat de bienfaisance : bien plus, cette clause est journalière dans la pratique ; elle n'ôte rien à la libéralité et ne fait que la corroborer. Parce que dans une classe particulière de donations, l'une des plus importantes peut-être, la loi a inscrit elle-même la clause de garantie, et que d'une condition accidentelle elle a fait une condition naturelle, l'on ne saurait conclure que la nature du contrat s'est modifiée.

La Cour, dans un arrêt plus récent (23 juin 1847 ; Dall. 47, 1, 244), sentant le besoin d'étayer son système, a cherché un nouvel argument dans l'art. 959 et 1359. — «*Attendu que* «*l'acte qui constitue la dot a un caractère particulier qui doit* «*même le faire distinguer de tous les actes de libéralité contenant* «*des conditions onéreuses ; qu'en effet, le contrat de mariage est* «*un pacte de famille immuable de sa nature, conclu en vue d'as-* «*surer les moyens d'existence de la famille nouvelle, et l'accom-* «*plissement de toutes les obligations qui pèsent sur l'un et sur* «*l'autre des époux, encore qu'une séparation de corps serait pro-* «*noncée entre eux...* » Cet argument prouve beaucoup trop ; car ces donations que l'on nous représente comme immuables, tombent sous le coup de l'action révocatoire pour cause de survenance d'enfants, si elles n'émanent pas d'un ascendant ou de l'un des conjoints : si elles émanent d'un ascendant, elles sont soumises au rapport. Qu'on ne vienne donc pas invoquer comme argument à l'appui de la thèse que l'on défend, l'immutabilité

9

du pacte matrimonial. La loi n'a pas donné aux ascendants l'action révocatoire pour cause d'ingratitude, cela est vrai ; mais n'accorde-t-elle pas l'action révocatoire pour cause de survenance d'enfants, aux étrangers, et d'un autre côté la dot n'est-elle pas exposée à l'action en réduction de la part des héritiers, lors du décès de l'ascendant donateur ; l'argument tiré de l'art. 959 est donc sans valeur. Du reste, quelle analogie peut-on trouver entre les actions revocatoires pour cause d'ingratitude et pour cause de fraude ? La loi a fait taire devant l'intérêt de la famille nouvelle une action *quæ vindictam spirat*. L'on ne saurait conclure qu'il a traité avec une défaveur égale, des créanciers qui ne poursuivent après tout que le remboursement de ce qui leur est dû légitimement. Le donateur, dans le cas de l'art. 959, a voulu faciliter une union nouvelle en se dépouillant ; il ne doit s'en prendre qu'à lui, s'il n'a pas suffisamment étudié le caractère de ceux qu'il comblait de ses libéralités. Du reste, la révocation qui frapperait les époux, frapperait aussi les enfants, qu'il a dû comprendre dans ses libéralités au moment où il les a faites ; ne serait-ce pas punir des malheureux qui sont bien certainement innocents des fautes de leurs parents ?

La Cour de cassation, dans un nouvel arrêt du 14 mars 1848 (Dall. 48, 1, 175), a encore développé l'argument de l'irrévocabilité du pacte matrimonial, en tirant parti des derniers mots de l'art. 1167. «*Attendu*, dit l'arrêt, *que si l'art. 1167, autorise* «*les créanciers à attaquer les actes faits en fraude de leurs droits,* «*elle leur impose l'obligation de se conformer aux règles qui sont* «*prescrites au titre du contrat de mariage et des droits respectifs* «*des époux...*» Ces mots contiennent une erreur. L'art. 1167, ne parle pas d'une manière aussi générale. «Ils doivent néan- «moins, dit-il, en parlant des créanciers, quant à leurs droits «*énoncés* au titre des successions et au titre du contrat de ma- «riage et des droits respectifs des époux, se conformer aux rè- «gles qui y sont prescrites.» Aux droits *énoncés*, et à ceux-là

seulement; or, quels sont les droits ainsi restreints et spécifiés?
Les art. 788, 1447 et 1464, nous le disent. Il s'agit de la renonciation à une succession ou à la communauté, de la séparation de biens frauduleuse; mais il n'est pas question de la
constitution dotale, et l'on ne saurait appeler l'art. 1167 lui-
même au secours de l'art. 959.

On le voit, l'argument tiré de la garantie est insuffisant; et
l'on ne peut tirer des art. 959 et 1167, la preuve de l'immutabilité absolue des conventions matrimoniales.

La Cour cherche encore à s'appuyer sur des considérations
morales, et c'est là si non la raison juridique, au moins le m.
tif qui l'a déterminée à hasarder ce nouveau système. Elle s'é-
tend sur le but de la dot, sur les obligations que contractent
les époux qui la reçoivent. C'est là trop penser aux époux et
ne pas assez s'occuper des créanciers. Nous ne sommes plus à
ces époques de désolation et de décadence, où un état épuisé
d'hommes par les ravages de la guerre et la licence des mœurs,
cherche par des lois contre le célibat à encourager les mariages
et la procréation des enfants légitimes. Tout en facilitant les
unions, en offrant même certaines garanties à la famille nouvelle qui va naître, il ne faut pas perdre de vue que ces créanciers que l'on repousse, sont peut-être eux-mêmes époux et pères
de famille; qu'eux aussi, peut-être, comptent sur des créances
dont ils poursuivent le remboursement, pour doter leurs enfants ou subvenir aux besoins de leurs propres ménages. Ce
que la Cour de cassation donne d'un côté, ne l'enlève-t-elle
pas de l'autre? et ne favorise-t-elle pas une famille aux dépens
de celle qui devait compter sur le respect des contrats, la
fidélité aux engagements?

Il arrive ce qui a lieu chaque fois que l'on quitte le terrain
des véritables principes pour celui de l'équité et des considérations de haute moralité. Le point de vue est faux, les pro-
portions disparaissent, l'harmonie a cessé d'exister; le juge
veut être équitable, il n'est qu'injuste, et ses sentences n'ont

plus pour excuse les dispositions formelles d'une loi qu'il est chargé d'appliquer et non pas de modifier.

Après avoir considéré la jurisprudence nouvelle dans son principe, suivons la dans ses conséquences; regardons cette large porte ouverte à la fraude. Les pères de famille sentant arriver leur ruine prochaine, ne s'empresseront-ils pas de transmettre à leurs enfants les dernières dépouilles de créanciers déjà trop malheureux, et de se créer à eux-mêmes au moyen de constitutions de dot, des réserves personnelles soit en raison des aliments qui leur seraient dûs, soit à raison de l'exercice éventuel d'un droit de retour. Sans doute, vis-à-vis de la femme comme vis-à-vis du mari, restera toujours la question de complicité de fraude, mais le plus souvent comment l'établir? Dans la pratique, il est déjà bien difficile de prouver la mauvaise foi du mari; sera-ce plus facile, quand il s'agira de la femme. C'est le plus souvent une jeune fille, encore mineure, inexpérimentée. Elle sait le chiffre de sa dot et voilà tout; elle ignore et l'état des affaires de sa famille et la portée de son contrat de mariage qu'elle signe sans le relire, quand les grands parents en ont froidement arrêté les clauses; elle s'occupe peu de ces arrangements pécuniaires qui accompagnent son union, et ne se demande pas si c'est la bonne foi qui les a dictés; sa pensée est ailleurs! Demander la preuve de son concours à la fraude de ses parents, c'est se résoudre à n'attaquer presque jamais une constitution dotale par l'action révocatoire.

Voilà le résultat d'une première concession faite par la Cour suprême : mais une concession en amène toujours une autre. Après avoir reconnu à la dot le caractère de contrat onéreux vis-à-vis de la fille, elle en a agi de même pour la donation par contrat de mariage que reçoit de son père le fils qui se marie (14 mars 1848. — Chardon, n° 243).

Nous craignons les conséquences de cette nouvelle jurisprudence, et c'est pour cela que nous avons cru devoir la combattre vivement. Persévérer dans cette voie nouvelle, c'est rayer d'un trait de plume l'action révocatoire, c'est peut-être, pour un avenir peu éloigné, nous ramener de deux siècles en arrière, à la scandaleuse époque, où l'on voyait les traitants et les fermiers généraux faire faillite après avoir richement doté leurs filles ; en un mot, c'est déchirer les titres de tous les créanciers dont les débiteurs ont une fille à marier.

XVIII.

Les payements frauduleux faits par le débiteur à un ou plusieurs de ses créanciers antérieurement à la *missio in bona* en Droit romain et de nos jours à la déconfiture tombent-ils sous l'application de l'action révocatoire ? — Cette question, à laquelle les auteurs français n'ont consacré que quelques lignes, était de la part des commentateurs de la loi romaine l'objet d'une discussion aussi vive que soutenue. De nos jours, les Romanistes allemands l'ont reprise et discutée avec cette érudition et cette logique qui n'appartient qu'à eux. Je crois devoir donner quelques développements à l'étude des systèmes divers qui se sont produits.

Occupons-nous d'abord du cas où il s'agit d'une dette civile et échue, alors qu'il était certain que le créancier n'aurait rien obtenu ou n'aurait été payé que partiellement s'il avait été dans le cas de procéder par les voies légales de la déconfiture. Le débiteur dans l'intention de frauder ses autres créanciers paye cette dette. Le payement est-il valable ?

Trois opinions différentes se sont formées. La première, défendue par beaucoup d'anciens jurisconsultes [1], admet l'action paulienne, sans distinguer si le créancier payé était de bonne ou de mauvaise foi, pourvu que le débiteur ait voulu fa-

---

1. Lauterbach, *Coll. theor. pract.* L. 42, t. 8, § 18. — Struv, *Synt, exerc.* 40, th. 80. — Wernher, *Obs. for.* T. III. Obs. 147. — Günther. *Princ. jur. rom.* T. II. § 1257. — Mackeldey, *Röm. privatrecht.* § 758. Schweppe, *System des Concursprocesses.* I. § 44.

voriser le créancier qu'il a payé, de préférence aux autres ;
c'est-à-dire, qu'il l'ait payé *per gratificationem*. C'est ce qu'en
Allemagne l'on appelle *die Gratificationstheorie*. D'autres, Laspeyres est du nombre, posent en principe que l'action paulienne
est applicable ici, mais seulement quand toutes les conditions
qu'elle présuppose existent ; *consilium fraudis ex parte debitoris*, *conscientia fraudis ex parte tertii*[1]. D'autres enfin,
déclarent l'action paulienne tout à fait inapplicable dans l'espèce. Cette opinion qu'a défendue le savant professeur Franke,
et à laquelle se sont ralliés la plupart des Romanistes modernes [2],
est la seule qui nous semble conforme au véritable esprit de la
loi.

Commençons d'abord par répondre à Laspeyres. Les termes
dont se sert le préteur : *Quæ fraudationis gesta erunt*, sont
trop généraux pour ne pas comprendre les payements comme
tous les autres actes frauduleux, chaque fois que se rencontrent
les conditions requises par l'édit : préjudice, fraude du débiteur,
complicité du créancier payé. Nul doute que les deux premières conditions ne se puissent rencontrer en matière de payements faits par un débiteur insolvable, comme dans tous les
autres actes par lui passés, mais comment pourrait se présenter
la troisième condition : la *mala fides* du créancier payé ? Celui
qui accepte ce qu'il a droit d'exiger, ne commet aucune fraude
quand bien même il connaitrait l'insolvabilité de son débiteur
et saurait qu'après la déconfiture, il ne pourrait plus être inté-
gralement payé, que peut-être il ne le serait pas du tout. On ne
peut supposer, en effet, qu'un créancier veuille de plein gré
encourir des pertes ou renoncer à l'exercice de ses droits, dan
le seul but, d'épargner un préjudice à des tiers. Sa position ne

---

1. Laspeyres, «*Ueber Anfechtung von Zahlungen mit der Actio-Pauliana*»
Archiv für die Civilistische Praxis. XXI. p. 35 (1858).

2. Weber, *Beiträge zu der Lehre von Klagen. I.* 75. — Schweppe, *Syst.
dess Concurses.* § 82. — Franke, «*Ueber die Zulässigkeit der Actio-Pauliana
bei Zahlungen, Pfandbestellungen, Hingabe an Zahlungsstatt.*» *Archiv für
die Civilistische Praxis. XVI.* 125 (1833).

peut être assimilée à celle du débiteur qui agit dans un esprit de vexation et de tromperie.

Cette solution que dicte l'équité, se fonde du reste sur une série de textes qui ne laissent place à aucune équivoque : en tête se place la maxime de Paul : *Nihil dolo creditor faqui suum recipit.* (L. 129, de R. J.) et les solutions si explicites de la loi 6, § 6 et 7, h. t.) Ulpien dit dans la loi 6 : « *Apud La-beonem scriptum est, eum qui suum recipiat, nullam videri fraudem facere: hoc est, eum qui quod sibi debetur, receperat; eum enim quem præses invitum solvere cogat, impune non solvere iniquum esse...* » Ce texte semble bien précis : Que répond Laspeyres ? — Que ce texte n'a pas de rapport direct avec la question, mais qu'il résoud le cas bien différent ou c'est un débiteur du débiteur insolvable qui vient le payer : « *Nicht also von einer Zahlung, welche der Creditor seinerseits geleistet hat, sondern von einer solchen ist hier die Rede, wodurch er von einem seiner Schuldnern befriedigt worden ist* » (p. 59). Ce point fut-il vrai, ce que nous ne concédons pas, ce passage offrirait toujours de l'intérêt pour notre question à raison de son point de départ : *eum qui suum recipit nullam videtur fraudem facere.* Mais le § 7 est explicite encore : « *...Qui debitam pecuniam recepit, antequam bona debitoris possideantur, quamvis sciens prudens que solvendo non esse recipiat, non timere hoc edictum; sibi enim vigilavit....* »

Le créancier qui obtient satisfaction avant que la déconfiture n'éclate, ne peut jamais être recherché, eût-il eu connaissance de l'insolvabilité du débiteur, eût-il su que ce payement serait préjudiciable aux autres créanciers. La loi 24, h. t., vient du reste à l'appui de notre thèse. Scævola regarde comme évidente la non-recevabilité de l'action paulienne quand le débiteur vient de son propre gré payer le créancier. Il ne regarde la chose comme douteuse que dans le cas où le créancier, craignant la déconfiture de son débiteur aurait par des poursuites exagérées arraché plutôt qu'obtenu un payement *(si extorserim*

invito). Là plutôt qu'ailleurs, il pourrait être question de mauvaise foi de la part du créancier, et pourtant Scævola n'hésite
pas à dire : «*Sed vigilavi, meliorem meam conditionem feci, jus
«civile vigilantibus scriptum est, ideo quoque non revocatur id,
quod percepi...*» — Ulpien nous donne un exemple encore plus
caractéristique et une solution tout aussi explicite dans le § 16
de la loi 10, h. t.

A des textes aussi précis, le savant professeur de l'université de Halle oppose la loi 25, h. t. Il s'agit de la constitution
de dot faite par un débiteur insolvable. Vénuléius, distingue
pour savoir si l'action paulienne sera recevable vis-à-vis du
mari, entre le gendre qui a reçu la dot de bonne foi et celui
qui a été de mauvaise foi. De ce texte. Laspeyres argumente
ainsi qu'il suit: Le gendre qui reçoit une dot de son beau-père,
est mis en parallèle avec le créancier qui est payé de son débiteur, et, comme dans le premier cas, Vénuléius distingue la
bonne foi de la mauvaise foi, il faut faire la même distinction
dans le second cas. Laspeyres, émet cette idée d'une manière positive : «*Kann aber auch, wie mich dünkt, kaum ein
«Zweifel obwalten, dass Venulejus in der Person des Glaubigers
«bona fides oder ignorantia supponirt hat.*» Il suffit, je crois,
de lire la loi 25, pour s'assurer que Vénuléius n'établit pas un
parallèle absolue entre le mari qui a reçu une dot et le créancier payé, mais entre le mari de bonne foi et le créancier. Il
veut simplement indiquer que le mari n'est pas à considérer
comme un donataire, et que par suite sa bonne foi doit le
mettre à l'abri de l'action révocatoire. Quant au mari de mauvaise foi, Vénuléius se garde bien de l'assimiler au créancier,
car si, dans ce cas, l'action paulienne est recevable vis-à-vis du
mari, elle ne saurait l'être vis-à-vis du créancier. Il nous est
donc impossible d'adopter les conséquences que l'on veut tirer
de la loi 25.

Suivrons-nous maintenant Laspeyres sur le terrain de la loi
96, *D. de Solutis* (art. 46, 5). Il s'agit d'un créancier payé non

pas des deniers propres du débiteur, mais de ceux qu'il devait
à un pupille, payement fait en vertu d'une délégation frandu-
leuse du tuteur de ce pupille. Papinien, dans ce cas, accorde
au pupille l'interdit *fraudatorium*, si le créancier a connu la
fraude. Cet exemple présente des particularités, qui ne nous
permettent pas d'en tirer de règle générale. Il s'agit d'un payement fait avec les deniers d'un autre : il y a *mala fides* de la
part du créancier ; par suite l'action paulienne sera recevable,
puisque le créancier savait que son débiteur le payait avec l'argent qu'il avait volé à un pupille.

J'ai combattu le système de Laspeyres ; il me reste à discuter la valeur de la *Gratificationstheorie*. En présence de textes
aussi clairs que ceux sur lesquels nous nous appuyons, on aurait peine à s'expliquer comment elle a pris naissance, s'il
n'existait deux passages à regarder comme sa base. Le premier est la loi 6, § 1 et 2, *de reb. auct. jud. poss.* (D. 42,
5), et le second la loi 24, de notre titre. Ces deux textes
reconnaissent effectivement que le payement est recevable s'il
a été fait *per gratificationem*, mais cela dans des hypothèses
bien différentes de la nôtre. Ils s'occupent du cas où un héritier sien, après avoir satisfait quelques créanciers, use du bénéfice d'abstention. C'est un principe non contesté que la validité de tous les actes qu'il a fait en qualité d'héritier dépend
de sa bonne ou mauvaise foi (L. 6, § 1, D. 42, 5. — L. 44,
D. 29, 2). Mais l'on n'a aucun égard à la bonne ou à la mauvaise foi de celui auquel le payement a été fait. Les deux décisions, sur lesquelles se basait la *Gratificationstheorie*, se justi-
fient d'elles-mêmes. Si l'on restait héritier, les payements frauduleux que l'on aurait faits ne pourraient être attaqués au
moyen de l'action paulienne. Si l'on s'abstient il en est autre-
ment : «*Hier ist eine Rückforderung möglich*, comme dit Franke
«(p. 258), *nicht aber aus dem Grunde der* actio Pauliana, *sondern*
«*aus dem Grunde der wieder aufgehobenen Erbenqualität.*» Il
est donc impossible d'étendre ces décisions à l'action pau-

lienne : elle exige la *mala fides* du défendeur et les deux textes précités ne demandent que celle de l'héritier.

Pour ne laisser aucun doute, il suffit du reste de lire la loi 24 en entier. Après avoir discuté la question de la validité du payement fait par un *suus heres* avant son abstention, Scævola passe au cas où le débiteur avant sa déconfiture a payé quelques-uns de ses créanciers. Et là ne distinguant plus comme avant, entre le cas où le payement a été fait de bonne foi, et celui où il a été fait *per gratificationem*, il rejette l'action paulienne d'une manière absolue. Ces observations suffisent pour indiquer le cas qu'il faut faire de la *Gratificationstheorie*.

J'ai combattu la *Gratificationstheorie* et le système de Laspeyres pour adopter l'opinion de Franke : notre point de départ n'est pas le même pourtant. D'après Franke, les payements frauduleux ne peuvent être attaqués, parce que, pour se faire payer, le créancier a un droit coercitif, *ein Zwangsrecht* : *eum enim quem præses invitum solvere cogat, impune non solvere iniquum esse.* Selon M. de Wangerow, ce motif n'aurait qu'une importance secondaire; le véritable motif qui met les payements à l'abri de l'action révocatoire, c'est qu'il ne peut être question, pour le créancier qui défend ses intérêts, d'une véritable *mala fides* (III, § 697). Je crois son opinion fondée : le créancier n'a fait qu'user de son droit, et l'on suit la maxime : *Neminem lædere videtur qui jure suo utitur.*

Ce principe admis, il ne faut l'appliquer qu'avec beaucoup de réserve. Que dire en effet du payement d'une dette naturelle? — Franke admet l'action paulienne, parce que le créancier n'avait pas de *Zwangsrecht*, et qu'un pareil payement est, de la part du débiteur, un acte purement volontaire (p. 269). M. de Wangerow la repousse, parce que, dit-il, l'obligation naturelle étant privée d'action, nécessite de la part du créancier une vigilance toute spéciale; moins que partout ailleurs, on peut trouver dans le fait de cette vigilance, mauvaise foi de la part du créancier. Ces deux solutions me semblent trop absolues toutes deux. Le seul fait de recevoir le payement d'une obligation naturelle ne suffirait pas pour établir la mauvaise foi du créancier, bien qu'il n'ait eu aucun droit coercitif, aucune action pour obtenir ce payement. D'une autre part, cette vigilance spéciale qu'il a montrée serait peut-être une preuve de sa complicité à la fraude. Si donc les créanciers frustrés peuvent prouver que le payement a eu lieu en fraude de leurs droits, et que celui qui a été payé avait connaissance de la fraude, je pense que l'action serait recevable. Le créancier payé savait qu'il n'avait aucun droit à demander son payement; il savait que, d'après la loi civile, il y avait d'autres créanciers qui lui étaient préférables; il y a là déjà une présomption grave qui milite contre lui.

Quid du payement d'une dette civile non échue? — Si le terme avait dû échoir avant la déconfiture, ou que le créancier payé ait dû, malgré la déconfiture, obtenir satisfaction entière, Franke accorde aux autres créanciers l'action paulienne, mais jusqu'à concurrence de l'*interusurium* : si le terme de la dette éteinte n'avait dû échoir qu'après la déconfiture, et que le créancier satisfait n'eût pas ainsi obtenu son payement intégral, Franke, raisonnant toujours d'après la présence ou l'absence du *Zwangsrecht*, pense que le payement entier pourra être révoqué : «*Sobald keine Befriedigung für sie zu erwarten ist, «kann Alles, sonst nur ein Theil, revocirt werden*» (p. 268). Si ce que j'ai dit plus haut du véritable principe de l'action paulienne est exact, il faut repousser l'opinion de Franke; le véritable motif qui rend les payements inattaquables, c'est qu'il ne peut être possible que le créancier qui se fait rembourser soit de mauvaise foi. Or, ce principe ne s'applique plus exactement au cas où la créance n'est pas encore exigible, comme au cas d'une dette pure et simple. Sans doute, le créancier ne peut, avant l'arrivée du terme, poursuivre son débiteur; mais comme il n'en est pas moins créancier, et que le terme n'est le plus souvent stipulé que dans l'intérêt du débiteur, s'il y

renonce, le créancier pourra-t-il refuser de recevoir son payement, et n'y a-t-il pas toujours lieu de répéter : *nihil dolo creditor facit qui suum recipit.* Mais si le payement anticipé a eu
lieu dans l'intention de frauder, et que le créancier en ait eu
connaissance, je n'hésite pas à repousser la solution donnée
par M. de Vangerow et à adopter celle de Franke. Le créancier devra compte aux autres des avantages réels que lui aura
procurés le bénéfice résultant du payement anticipé. La loi 10,
§ 12, et 17, § 2 h. t. lé disent formellement; mais il serait
imprudent d'en étendre le sens, comme l'ont fait Franke
(p. 267) et surtout Laspeyres (p. 75). Toullier a lui-même reconnu que l'anticipation de payements ne suffit pas à elle-seule
pour établir la fraude et la recevabilité de l'action paulienne
(n° 365).

Pour constater mieux encore que ni la théorie de Laspeyres
et de Franke, ni celle de M. de Vangerow sur les payements anticipés ne peuvent s'appliquer d'une manière absolue sous l'empire du Code civil, il suffirait de citer les dispositions des
art. 1755 du Code civil, 820 du Code de procédure civile et
446 du Code de commerce, la présomption de fraude, atta-
chée par la loi aux payements anticipés des loyers faits par
le sous-locataire ou le sous-fermier, en cas de saisie-gagerie,
et aux payements anticipés faits par le failli, nous fournirait
un argument *a contrario* contre ces deux premiers auteurs et
un argument d'analogie contre le dernier.

S'il s'agissait non pas d'un payement, mais d'une constitution de gage faite en fraude des droits des créanciers, nous ne
suivrons plus la règle que nous venons de poser, mais nous
admettrons l'action paulienne toutes les fois que l'on pourra
prouver la mauvaise foi du créancier ainsi avantagé. Ici ce n'est
plus un payement que reçoit le créancier, c'est une nouvelle
affaire qui est conclue, et certainement que le créancier a pu
agir de mauvaise foi. Voilà comment s'expliquent les décisions
d'Ulpien (L. 10, § 13) et de Scævola (L. 22, h. t.) sur ce point
délicat.

Quid d'une *datio in solutum* effectuée dans les mêmes conditions? Franke, dans cette hypothèse comme dans la précédente,
se prononce pour l'admissibilité de l'action révocatoire, quand
toutes les conditions requises se rencontrent (*Verkürzung der
anderer Gläubiger und doppelter Beweis*), parce que le créancier n'a pas d'action pour obtenir ce genre de libération. Nous
adoptons cette solution ; mais parce qu'ici encore c'est une affaire nouvelle, une vente conclue entre le débiteur et son
créancier (L. 15, D. 42, 4), et que, dans cette affaire nouvelle,
le créancier peut certainement avoir participé à la fraude de
son débiteur.

MM. Aubry et Rau (§ 313, note 17) admettent d'une manière
trop générale peut-être les principes que nous venons de développer, quand ils disent que le créancier qui prend avec le débiteur
des arrangements quelconques pour se faire payer de préférence
à d'autres ne peut être recherché : ce que nous avons dit de
la constitution de gage et de la *datio in solutum* le prouve suffisamment. L'arrêt de la chambre des requêtes du 24 novembre
1835, qu'ils citent comme contraire à leur opinion, se justifie
parfaitement dans le système que nous venons de développer.
Il s'agissait en effet d'une *datio in solutum* d'un fonds de commerce faite par un débiteur dans l'intervalle de deux faillites et
après l'obtention d'un premier concordat, payement fait à un
créancier dont les titres étaient antérieurs et même postérieurs
au concordat. Il faut remarquer, comme circonstance de fait,
que les dividendes du premier concordat n'ayant pas été payés,
la Cour de Paris et la Cour de Cassation l'avaient considéré
comme non avenu : elles en avaient déduit la conséquence que
le dessaisissement n'ayant pas cessé, l'un des créanciers n'a-
vait pu rendre sa condition meilleure aux dépens des autres.
La cause présentait en outre vis-à-vis des nouveaux créanciers
des indices de simulation frauduleuse parfaitement caractérisés,
tels que vente à réméré, le vendeur laissé en possession du
fonds et en continuant l'exploitation, le nom du vendeur laissé

pendant cinq ans sur l'enseigne, etc... Nous nous retrouvons donc sous l'application de la règle énoncé plus haut, et cet arrêt n'est qu'une autorité de plus à l'appui de notre système.

XIX.

L'action paulienne peut-être dirigée contre tous ceux qui ont traité avec le débiteur et qui ont pris part à la fraude. Elle ne peut être dirigée contre ceux qui ont été de bonne foi, que dans le cas où ils auraient acquis à titre gratuit; les acquéreurs à titre onéreux de bonne foi ne sauraient être recherchés. Ces règles sont empruntées à la loi romaine. (L. 6, D. h. t. L. 5, C. h. t. Voyez p. 18, 19 et 28).

L'action paulienne ne se donne plus comme en Droit romain contre le débiteur lui-même (L. 25, D. h. t.), qui reste obligé, suivant les principes du Droit commun, mais bien contre les mineurs, qui à raison de leur âge ne peuvent être regardés comme complices de la fraude, quand c'est leur tuteur qui a commis les manœuvres frauduleuses, ou quand il s'agit d'une donation (L. 6, § 10. L. 10, § 5, D. h. t.) contre le curateur de l'interdit, et contre les héritiers des ceux qui ont traité avec le débiteur (L. 10, § 25. L. 11, D, h. t.). Mais comme nous le verrons plus loin, tous les défendeurs à l'action révocatoire ne sont pas tenu de la même manière, et la bonne foi est pour eux d'un avantage immense.

Quant l'action paulienne a pour but la révocation d'une aliénation immobilière, ou d'une aliénation mobilière incorporelle et que la chose a passé entre les mains de sous-acquéreurs, l'action paulienne réfléchira-t-elle contre les tiers-détenteurs actuels? — Lorsqu'il s'agit de sous-acquéreurs à titre gratuit, tenant leurs droits d'un donataire, l'action paulienne sera recevable contre les uns et contre les autres qu'ils soient de bonne ou de mauvaise foi. S'agit-il au contraire de sous-acquéreurs à titre onéreux de mauvaise foi? Nous ne ferons qu'appliquer le principe que l'action en fraude se donne contre tous ceux qui ont été de mauvaise foi.

Mais que faut-il décider à l'égard des sous-acquéreurs à titre onéreux de bonne foi, lorsqu'ils tiennent leurs droits d'un acquéreur à titre onéreux de mauvaise foi, ou d'un acquéreur à titre gratuit? Suivrons-nous l'opinion de MM. Bonjean, Proudhon, Duranton, Marcadé, qui tout divisés qu'ils sont sur la nature de l'action paulienne, se prononcent contre la révocation, où celle de MM. Aubry et Rau, qui l'accordent? — Nous croyons avec ces premiers auteurs, que l'action paulienne ne sera recevable contre les sous-acquéreurs qu'autant que se rencontreront les conditions du concours desquelles dépend son admissibilité à l'égard des premiers acquéreurs. Ces principes étaient déjà ceux du Droit romain, ils étaient conformes à ce but d'équité de l'Edit, qui a voulu empêcher que dans les actes à titre onéreux, les créanciers ne soient victimes de la mauvaise foi de leur débiteur et de ceux qui auraient été directement ou indirectement ses complices. Ecoutons Paul: « *Quœsi-* « *tum est an secundus emptor conveniri potest? Sed verior est Sa-* « *bini sententia, bona fide emptorem non teneri* » (L. 9, D. h. t.). Ces principes du Droit romain, ne semblent pas avoir été modifiés par le Droit intermédiaire, et le Code, en s'en référant pour tout ce qui concerne cette action à la législation préexistante, les a admis implicitement.

MM. Aubry et Rau fondent leur opinion sur l'extention qu'a reçue en Droit français la maxime *nemo plus juris in alium transferre potest quam ipse habet,* et donnent comme preuve de cette extension l'exemple tiré de l'abrogation de la loi *Empto-* *rem* (§ 313, note 25, § 181, n° 3). C'est en effet une grave extension qui a été donnée à la théorie du domaine révocable, ou plutôt le Code, en proscrivant une règle que désavouait la raison, est revenu aux véritables principes de la matière; mais suffit-il de cette dérogation à la loi romaine, pour établir cette généralisation absolue et inflexible de la maxime *Nemo plus juris?* Il faudrait oublier pour cela que nous étudions une matière spéciale, qui a des règles et des principes différents de toutes les autres.

Pour répondre du reste aux auteurs que nous combattons, l'on pourrait peut-être leur opposer leurs propres paroles : «Se retranchera-t-on, disent-ils dans un autre passage, à dé-«faut d'un texte précis, derrière la maxime : *Nemo plus juris* «*in alium transferre potest quam ipse habet*, qui sert de base «aux articles ci-dessus cités (art. 1599, 2182)? Tout en recon «naissant la justesse de cette maxime, qui, sous l'empire de «notre Code, est même d'une application plus étendue qu'en «Droit romain, nous ajouterons qu'une règle, quelque générale «qu'elle puisse être, admet presque toujours des exceptions...» Et cherchant, à propos des ventes consenties par l'héritier apparent, les conditions nécessaires pour que le tiers ne puisse être inquiété, ils citent comme les deux circonstances dont le concours seul fait fléchir les principes de la révocation : 1° *L'erreur invincible du tiers acquéreur*, 2° *la négligence du véritable héritier* (IV, § 616, note 31).

Ne pouvons-nous pas tirer un argument d'analogie de leur raisonnement? N'y a-t-il pas dans la vente frauduleuse faite à un sous-acquéreur de bonne foi, comme dans la vente faite directement à un acquéreur de bonne foi par le débiteur lui-même, comme dans l'aliénation consentie par l'héritier apparent; une erreur invincible? Le tiers acquéreur n'a-t-il pas été le complice aveugle d'une fraude qu'il n'a pu prévoir ni éviter? Pouvait-il inventorier la fortune de son vendeur pour savoir s'il était ou non à la hauteur de ses affaires? Pouvait-il lire dans son âme pour savoir si la vente était loyale? La fraude se présume-t-elle, et n'a-t-on pas le droit de dire que ses victimes luttaient contre une erreur invincible? D'une autre part, les créanciers n'ont-ils aucun reproche à se faire, eux qui ont négligé de se faire consentir des hypothèques ou remettre un gage, pour suivre aveuglément la foi de leur débiteur? N'y a-t-il pas incurie de leur part d'avoir omis, eux simples chirographaires, tous les actes conservatoires, d'avoir laissé s'opérer toutes les aliénations? Et quand ils viennent tardivement secouer leur torpeur et attaquer des sous-acquéreurs loyaux, qui ont fait tout ce qu'ils ont dû, parce qu'ils ont fait tout ce qu'ils ont pu, le propriétaire d'aujourd'hui ne pourra-t-il pas répondre au créancier trompé, comme il répondait à l'héritier véritable : Il est trop tard !

Il faudrait, pour soutenir le contraire, établir que la mauvaise foi dont le débiteur s'est rendu coupable, infecte tous ses actes, qu'elle le rend incapable de transférer autre chose qu'un domaine imparfait et révocable. Or, il n'en est rien : si le tiers est de bonne foi, et qu'il ait acquis à titre onéreux, sa propriété est irrévocable; pourquoi? Parce que la loi avait à décider entre un tiers qui a payé et un créancier qui veut se faire payer, que tous deux sont de bonne foi, et que l'on suit la règle : *in pari causa melior causa possidentis.* L'on voit qu'un débiteur déloyal peut transférer un droit de propriété irrévocable, et l'on voudrait que le tiers-détenteur de mauvaise foi (bien plus que le tiers-détenteur de bonne foi, si c'est un donataire) ne pût transférer dans l'espèce qu'une propriété incertaine!

Ne serait-il pas singulier et même inique de dépouiller un sous-acquéreur de bonne foi, tandis que s'il avait traité directement avec le débiteur, ou si seulement ce dernier était intervenu dans son contrat pour le garantir (Paris, 11 juill. 1829, Cass., 24 mars 1830, Sir., 30, 1, 252), sa propriété serait irrévocable!

XX.

L'action paulienne a pour but la révocation de tous les actes accomplis par le débiteur en fraude des droits de ses créanciers; chaque fois que se rencontreront les conditions qu'elle exige, elle aura pour effet de rétablir toutes les choses dans leur état primitif ; « *sive rés fuerunt, sive obligationes*, dit Ulpien *ut perinde* « *omnia revocentur ac si liberatio facta non esset* » (L. 10. § 22, h. t.). L'action paulienne n'a été créée que pour l'avantage exclusif des créanciers : ils agissent non pas au nom de leur débiteur, mais en leur nom personnel. Il en résulte que l'acte n'est révoqué que vis-à-vis d'eux et jusqu'à concurrence seulement de la dette et des frais de poursuite. Vis-à-vis du débiteur, l'acte continue d'exister, si bien que si le prix d'expropriation de l'immeuble ou le chiffre de la dette sont supérieurs à la créance de ceux qui poursuivent la révocation, il ne pourra se prévaloir d'une révocation qui n'a pas été prononcée en sa faveur, pour demander à profiter des sommes qui resteront après le payement des créanciers. Ce surplus reviendra, non pas au débiteur, mais au tiers dépossédé.

L'action paulienne admise, entraîne la restitution de la chose aliénée avec tous ses accessoires, *cum omni causa* (L. 10, § 16). Le tiers actionné en délaissement sera tenu de rendre tous les fruits pendants au jour de l'aliénation faite à son profit, *quia in bonis fraudatoris fuerunt*. Il en sera de même des fruits perçus depuis le jour où l'action en révocation a été intentée. Car dès-lors il ne pourrait plus alléguer sa bonne foi (art. 550). Quant aux fruits perçus ou seulement échus dans le temps intermédiaire, il ne sera tenu de les restituer s'il est de bonne foi ; c'est un des avantages du possesseur de bonne foi de faire les fruits siens (art. 549). S'il était de mauvaise foi, il sera tenu de restituer non-seulement les fruits qu'il a perçus, mais encore ceux qu'il aurait dû percevoir (L. 10, § 20. L. 25, § 4 et 5, h. t. — L. 38, 46, D. XXII, 1).

Les créanciers devront cependant tenir compte aux tiers-dépossédés des frais de perception. Ulpien le dit formellement L. 46, D. *de usur.*) : et ces derniers pourront même exercer un droit de rétention sur l'immeuble pour le payement de cette créance.

Les créanciers postérieurs à l'acte argué ne peuvent pas intenter l'action paulienne ; peuvent-ils au moins profiter de la révocation prononcée sur la demande des créanciers antérieurs ? Cette question a divisé les auteurs. MM. Duranton, Marcadé, Aubry et Rau leur accordent ce droit. L'aliénation révoquée, disent-ils, est à considérer comme n'ayant jamais existé : *permittitur creditoribus dicere eam rem traditam non esse et ob id in bonis debitoris mansisse* (§ 6, Inst. IV, 6) : l'objet rentre donc dans le patrimoine du débiteur. Or, on ne pourrait l'affecter au payement exclusif des créanciers antérieurs, sans créer, à leur profit, un droit de préférence qui n'est pas inscrit dans la loi.

MM. Chardon (art. 289) et Capmas (p. 112), sont d'un avis opposé. Ce dernier auteur critique ce raisonnement : il y voit une pétition de principe et une contradiction. Selon lui il faudrait avant tout prouver que les biens aliénés rentrent réellement dans le patrimoine du débiteur, ce que l'on répète sans le démontrer : or, comme l'action paulienne n'est qu'une action *personnelle*, tendant à réparer un préjudice déterminé, éprouvé par une personne déterminée, il ne s'opérera aucun retour, et il ne pourra y avoir lieu qu'à réparation du dommage éprouvé par les créanciers demandeurs. Ce raisonnement me semble inexact : l'action paulienne n'a pas le caractère d'une simple action en dommages-intérêts : quant aux mots révocation, action révocatoire, ils n'ont ni en Droit romain ni dans le Code civil qui les leur a emprunté le sens restreint et relatif que M. Capmas leur attribue. L'action paulienne a pour objet, dit-il, § 83 « de rétablir *fictivement*, à l'égard du créan-
« cier, ce patrimoine, dans l'état où il se trouvait, avant l'acte
« argué de fraude ; de révoquer en un mot, cet acte de ma-
« nière à lui enlever les conséquences contraires à l'équité, qu'il
« aurait pour le créancier, si on ne l'autorisait à l'attaquer. Mais
« si on va plus loin, et malheureusement on l'a fait, si on prend
« ces expressions à la lettre, *verbotenus*, dans un sens absolu,

« on est bientôt conduit à des conséquences que les textes et la
« logique désavouent. » Nous répondons à cela , que ce mot de
révocation nous vient des jurisconsultes romains , et que partout ils lui donnent un sens absolu et non limité. Nous avons
cité plus haut un fragment des Institutes. Labéon est tout aussi
formel : il accorde la restitution *quia hæc actio rei restituendæ*
gratia, non pœnæ nomine daretur (L. 25, D. h. t.). Voici une
phrase de Paul plus précise encore : « *In faviana quoque actione*
« *et pauliana, per quam quæ in fraudem creditorum alienata*
« *sunt revocantur, fructus quoque restituuntur ; nam prætor id*
« *agit ut perinde sint omnia, atque si nihil alienatum esset ; quod*
« *non est iniquum. nam et verbum* restituas *quod in hac re præ-*
« *tor dixit, plenam habet significationem ut fructus quoque resti-*
« *tuantur.* » (L. 38, D. 22, 1.) Est-il possible après avoir lu ces
textes de ne donner au mot révocation qu'un sens restreint, de
ne voir ici qu'une restitution fictive ? Tenons pour certain que
l'action révocatoire fait rentrer bien *réellement* dans le patrimoine du débiteur, les biens aliénés.

Ce point admis, M. Capmas en convient lui-même, la solution ne saurait plus être douteuse. A quel titre les créanciers
antérieurs à l'acte frauduleux pourraient-ils écarter les autres?
Les immeubles sont expropriés, un ordre est ouvert, ou bien
à la suite d'une saisie-exécution ou d'une opposition , l'on en-
tame une distribution par contribution. Dans quel article de
cette loi, qui ne reconnaît d'autres causes de préférence que
les priviléges et les hypothèques, puiseraient-ils leur droit?

M. Capmas , après avoir attaqué le système que nous défen-
dons, comme basé sur un article vicieux , veut y voir une contradiction. Voici son raisonnement : on peut paralyser l'action
des créanciers antérieurs, en les désintéressant; pour être conséquent jusqu'au bout, que n'admet-on aussi que les créanciers
antérieurs seront obligés de partager les indemnités par eux
reçues, de les remettre dans la masse commune? — Ce raisonnement n'est que la reproduction du premier sous une autre

forme. Nous avons dit que les créanciers postérieurs n'ont pas le droit de provoquer la révocation, et qu'ils n'ont que celui d'en profiter. Il est donc évident que, si la révocation n'a pas lieu, ils seront sans qualité pour se faire payer sur le prix des biens aliénés, ou pour prendre part à l'indemnité; il n'y a là aucune contradiction. Le droit des créanciers postérieurs naît au moment de la révocation prononcée. Quant à l'indemnité, c'est le payement d'une dette que le détenteur peut effectuer aussi bien que le débiteur lui-même, aussi bien que tout autre tiers intéressé à l'extinction de la dette aurait pu le faire (art. 1236), et aucun des autres créanciers, pas plus des créanciers antérieurs que des créanciers postérieurs, ne peut se plaindre. En résumé, nous ne trouvons dans la loi ni le privilège que l'on veut créer pour les uns, ni l'exclusion que l'on prononce contre les autres.

L'acquéreur à titre onéreux, dépossédé à raison de sa mauvaise foi, a-t-il droit à la restitution du prix par lui versé? — Les jurisconsultes romains s'étaient déjà posé cette question : Proculus avait décidé que le tiers serait obligé de rendre le fonds, quand même le prix qu'il avait versé ne pourrait lui être rendu; et Venuleius Saturninus, abordant plus directement la question, décida que le prix ne pourrait être rendu, que s'il existait encore en nature, dans le patrimoine du débiteur, *ut si nummi soluti in bonis exstent* (L. 7 et 8, D. h. t.). Nous irons plus loin encore, et nous accorderons la restitution toutes les fois qu'il ne se sera point opéré de confusion entre les deniers réclamés par le tiers évincé et les autres biens du débiteur, qu'ils se retrouvent *vel in eadem specie vel saltem per subrogationem.*

Le tiers évincé a-t-il le droit d'exercer un recours contre le débiteur devenu plus tard solvable? Il faut, je crois, examiner s'il était lui-même de bonne ou de mauvaise foi. S'il était de mauvaise foi, il ne pourrait s'adresser au débiteur pour obtenir réparation d'un délit auquel il a pris une part directe. Dans la seconde hypothèse, c'est-à-dire dans le cas où le tiers dépossédé serait un donataire de bonne foi, comme la révocation est la conséquence d'un fait personnel au donateur, ce qui entraîne de sa part l'obligation de garantie, même dans le cas où elle n'aurait pas été stipulée, le recours contre le débiteur redevenu solvable me semble admissible.

La réponse serait la même, s'il s'agissait d'une renonciation. Ne pas accorder de recours à l'héritier qui a payé le créancier, comme le professe M. Proudhon (n° 2410), n'est-ce pas avantager le renonçant, en lui permettant de payer ses dettes avec l'argent d'autrui. M. Proudhon se fonde sur la fiction en vertu de laquelle le débiteur est considéré comme héritier et propriétaire des biens successifs, jusqu'à concurrence du montant de ses dettes. C'est en effet une fiction qui sert de base à l'action révocatoire, mais ce n'est qu'une fiction créée dans l'intérêt *exclusif* des créanciers, et que nul autre qu'eux ne saurait invoquer. Quoi! l'héritier renonçant n'est plus héritier (art. 1043) vis-à-vis de ceux qui ont accepté à sa place, la renonciation est irrévocable vis-à-vis d'eux, et quand ils viendraient exercer leur recours, quand il ne s'agirait plus que de savoir quel est celui qui doit en définitive supporter le poids de la condamnation, le débiteur renonçant pourrait dire : «j'étais héritier jusqu'à concurrence de telle somme.» Mais de quel droit viendrait-il donc se prévaloir ainsi d'un avantage créé par la loi pour d'autres que pour lui?

Vainement dira-t-on que celui qui a profité de la renonciation devait s'attendre à être recherché par les créanciers du renonçant, que c'était en quelque sorte une condition tacite de la renonciation; je réponds que la fraude ne se présume pas, que c'est la bonne foi qui se suppose et qui est une condition tacite dans les renonciations comme dans tous les autres actes de la vie civile.

Qu'arriverait-il dans le cas où les créanciers poursuivants se rencontreraient avec les créanciers du défendeur à l'action paulienne, insolvable? — Notre discussion sur la nature de l'action, nous donne la réponse à faire à cette question délicate. S'agit-il d'un droit personnel ou d'un objet mobilier et corporel, impossible, par conséquent, à ressaisir (art. 2279), l'action est purement personnelle : les demandeurs comme les créanciers du défendeur n'ont qu'un droit personnel sur ce dernier, les uns et les autres subiront, s'il est insolvable, le sort de la contribution. S'agit-il au contraire, d'un droit réel immobilier, de la vente d'une maison, par exemple, ou d'un droit réel mobilier mais incorporel, tel que la cession d'une créance, l'action étant *in rem scripta*, les demandeurs pourront écarter les créanciers personnels du défendeur et soustraire le droit aliéné à leur concurrence.

M. Capmas, après avoir longuement établi la personnalité de l'action paulienne voudrait, pour les aliénations à titre onéreux au moins, arriver au même résultat que nous. « Il y aurait, dit-il, «(p. 115) gain injuste pour les créanciers de l'acquéreur insol- «vable, s'ils se faisaient payer sur le prix d'un bien qu'ils *savent* «n'être entré dans le patrimoine de leur débiteur que par «suite d'une fraude préjudiciable à d'autres créanciers.»

Mais ce qu'il faudrait établir, c'est que ces créanciers sont complices de la fraude; qu'importe qu'ils aient su postérieurement qu'un préjudice avait été causé. Pouvaient-ils, du reste, empêcher le droit que l'on revendique d'entrer dans l'actif de leur débiteur; n'avaient-ils pas les mains liées? Ils sont innocents et M. Capmas ne les écarte qu'en vertu d'une distinction arbitraire [1].

---

1. Voyons les conséquences du système de M. Capmas. Dans le cas d'une donation immobilière, si le donataire est de mauvaise foi (et quand donateur et donataire sont insolvables, il est bien rare qu'il n'y ait pas eu concert frauduleux) il y aurait aussi gain injuste de la part des créanciers personnels du donataire, puisqu'ils se feraient payer sur le prix d'un bien *qu'ils savent n'être entré dans le patrimoine de leur débiteur que par suite d'une fraude préjudiciable à d'autres créanciers.* Voici déjà deux hy-

XXI.

Le Droit romain plus explicite que le Code, avait fixé d'une manière précise le terme de l'action révocatoire. Ce délai était court comme l'était, du reste, celui de toutes les actions prétoriennes contraires aux principes du Droit civil : les créanciers avaient une année *utile* pour demander la restitution *in integrum*. *Intra annum quo experiundi potestas fuerit actionem dabo*, disait le préteur.

L'année utile se composait, on le sait, de 365 jours, pendant chacun desquels on avait pu agir en justice, et trois conditions étaient exigées pour qu'un jour pût être compté comme jour utile; *ut impedimentum nullum fuerit actori, reo, judici*. L'année continue se composait, au contraire, de 365 jours comptés sans interruption ni distinction aucune.

Le calcul de ces prescriptions, qui ne couraient que pendant les jours utiles était difficile; il devait donner lieu à de fréquentes contestations. Cujas l'a appelé *lubrica et difficilis computatio*. Le délai de l'année utile disparut peu à peu de toutes les restitutions *in integrum* pour faire place à un délai continu. Constantin entreprit cette réforme, en soumettant la restitution *in integrum ex capite doli* à un délai continu. Justinien porta ce délai à quatre années et l'étendit à toutes les restitutions.

pothèses où, d'après M. Capmas, l'action, quoique personnelle, produira les effets de l'action réelle.

Reste la troisième : donation immobilière faite à un donataire de bonne foi. Ne pouvons-nous pas appliquer aux créanciers, la théorie du *préjudice injuste*, que M. Capmas n'applique qu'au donataire seul (page 76). L'action sera donc encore réelle dans cette hypothèse ; et la concession faite par M. Capmas dans son avant-dernier paragraphe, est la condamnation inexorable de sa théorie entière. — Voilà ce qui arrive quand l'on quitte le terrain de la loi pour se lancer dans le champ des hypothèses : l'on ne rencontre plus que distinctions subtiles et arbitraires, théories obscures, solutions spécieuses ou impossibles.

Quelques auteurs pourtant, tels que Lauterbach *(de in integ.,* § 24), Schulting et Hofacker, ont voulu soutenir que les modifications apportées par Justinien à l'ancienne prescription prétorienne ne devait s'appliquer qu'aux restitutions des mineurs, et que les autres telles que la restitution *ex causa metus, ob alienationem judicii mutandi causa,* ou bien *in fraudem creditorum factam,* restèrent fixées dans le délai d'une année utile. Cette théorie est en opposition formelle avec le texte de la loi ; voici les paroles de Justinien : *« Supervacuam differentiam utilis anni in integrum restitutionis a nostra republica separantes, sancimus.... quadriennium continuum tantummodo numerari ex die ex quo annus utilis currebat »* (L. 7, C. 2, 53). Ces expressions sont générales et s'appliquent évidemment à toutes les restitutions prétoriennes, qui à l'époque de Justinien, étaient encore soumises au délai de l'année utile ; l'action paulienne était dans ce cas.

Quel était le point de départ de la prescription ? Justinien, nous l'avons vu, n'avait pas modifié le droit ancien, et comme autrefois le délai courait à partir du jour *quo experiundi potestas fueret.* Que fallait-il entendre par ces mots : *quand avait-on la faculté d'agir ?* Proudhon, § 2401, fait remonter ce délai au jour de l'aliénation frauduleuse. Mais la plupart des interprêtes enseignent qu'il ne courait que du jour où l'adjudication des autres biens du débiteur avait fait connaître son insolvabilité ; et cette opinion me semble plus juridique. Pour comprendre ces termes *experiundi potestas,* il suffit d'en lire le commentaire donné par Ulpien au livre 74 de l'Edit (L. 1, D. 44, 5) : *In primis exigendum est ut sit facultas agendi.* Or, les créanciers pouvaient-ils de prime abord intenter l'action paulienne ? Non, il fallait qu'au préalable ils eussent été envoyés en possession des biens du débiteur. Cela ne suffisait pas encore, ils pouvaient croire que la vente des biens suffirait pour payer la totalité des dettes : ils auraient pu intenter l'action révocatoire, mais ils ne le savaient pas encore, et Gaius nous dit : *« Qui nescit, videtur experiundi potestatem non habere. »* (L. 6, D. 5, § 6).   12

Il est, du reste, fort étonnant que l'on ait discuté cette question en présence de textes aussi précis que ceux du Digeste. *Hujus actionis*, dit Ulpien (L. 6, § 14, D. 42, 8), *annum computamus utilem quo experiundi potestas fuit, ex die factæ venditionis*. L'on dira, peut-être, que les mots *factæ venditionis*, s'appliquent à la vente frauduleuse. Mais un peu plus loin (L. 10, § 18), Ulpien est encore plus explicite : *Annus hujus in factum actionis computabitur ex die venditionis bonorum*. L'on ne saurait garder le moindre doute à cet égard, et nous ne pouvons que répéter ces paroles de Glück : « *Die Zeit binnen welcher* « *die Wiedereinsetzung in den vorigen Stand zu suchen ist, zwar* « *nach dem neuern römischen Rechte in Rücksicht ihres Laufs ein* « tempus continuum, *allein in Absicht auf ihren Anfang ein* tem- « pus utile *sey* » (V, § 439).

La règle étroite tracée par le droit prétorien et les empereurs sur les délais de l'action révocatoire n'était pas absolue. Restreinte dans un délai limité, lorsqu'elle avait pour but la restitution d'un objet déterminé *a priori*, objet qui n'aurait dû être aliéné, elle devenait perpétuelle, c'est-à-dire, dans le dernier état du droit, trentenaire, quand elle n'avait plus d'autre but que la restitution d'un bénéfice injustement acquis ; et que l'on ne poursuivait les tiers qu'*in quantum locupletiores* (L. 10, § 24, D. h. t).

Quelle est chez nous la durée de l'action paulienne ? — Cette question a reçu trois solutions différentes. Toullier ne voyant ici qu'une question de fait et s'appuyant sur l'ancienne jurisprudence, abandonne la solution de ce problème aux magistrats « chargés, dit-il, de décider si, suivant les circonstances, le « temps écoulé depuis l'acte frauduleux est suffisant pour dé- « truire le soupçon de fraude (§ 356). » Duranton et Vazeille, assimilant l'action paulienne aux actions en nullité ou en rescision ouvertes dans certains cas aux parties contractantes, en fixent la durée à dix ans. Ces deux opinions, qui comptaient de nombreux partisans dans la jurisprudence et parmi les auteurs, sont aujourd'hui à peu près abandonnées. La première, soutenue par l'illustre professeur de la Faculté de Rennes, repose sur une confusion évidente entre le point de fait et le point de droit. La seconde s'appuie sur la généralité des termes de l'art. 1304. Mais les termes mêmes de cet article, les causes qu'il énumère comme pouvant donner ouverture à l'action en rescision ou en nullité prouvent clairement que les dispositions de l'art. 1304, loin d'être une dérogation au principe fondamental de l'art. 1165, en vertu duquel les conventions ne peuvent ni profiter ni nuire aux tiers, ne font que les confirmer davantage. En effet, il résulte clairement des art. 1304 et suivants, que la loi reconnaît deux sortes de causes d'annulation des conventions : les premières tirées de la qualité de personnes, les secondes des vices inhérents à la substance de l'acte même ; que si, d'une part, le mineur, l'interdit, la femme mariée ne peuvent se prévaloir de leur qualité que lorsqu'ils sont parties dans l'acte qu'ils attaquent ; de l'autre, le défaut de consentement, la violence, ou le dol ne sont une cause de nullité que dans l'intérêt de celui qui, partie au contrat, n'y a pas donné un consentement libre ou éclairé, mais a été subjugué par la violence ou déçu par des manœuvres frauduleuses. Il résulte de là que les dispositions de ces articles ne peuvent s'appliquer qu'aux contractants, et encore à une certaine classe d'entre eux seulement ; donc on ne peut les appliquer aux créanciers agissant comme tiers-lésés.

Du reste, la différence dans les effets prouve surabondamment la différence dans la nature des actions que nous comparons. Le droit du créancier a bien pour résultat de rendre sans effet, par rapport à lui, l'acte par lequel ses intérêts sont lésés ; mais il ne porte aucune atteinte aux stipulations qui n'intéressent directement que les contractants, et qui peuvent toujours être invoquées par eux : le contrat subsiste, sauf qu'on ne peut l'opposer aux créanciers lésés. Au contraire, l'acte rescindé, ou annulé pour dol ou violence, n'existe plus : il est mis à néant. L'on aurait peine à comprendre comment des actions si dissemblables sous tous les rapports n'auraient qu'un seul point de commun, la prescription, sans que le législateur eût formellement ordonné cette assimilation.

Ni l'une ni l'autre de ces deux solutions n'est donc admissible, et à défaut d'une règle spéciale donnée par le législateur, nous retombons sous l'empire du principe général de l'art. 2262, qui soumet à la prescription tricennale toutes les actions tant personnelles que réelles dont la durée n'a pas été limitée à un temps moindre.

Le point de départ de cette prescription est la date même de l'acte attaqué et non plus celle où la vente des biens du débiteur a donné la preuve de son insolvabilité. Sur cette question, comme sur la précédente, nous ne faisons, à défaut de règle spéciale, que nous reporter à la règle générale.

L'action des créanciers, bien que soumise à la prescription tricennale, s'éteint avant ce terme dans un cas spécial. C'est lorsqu'elle est dirigée contre un donataire ou un sous-donataire de bonne foi. Ils n'avaient qu'un droit résoluble : ils ont acquis *a non domino* ou plutôt *a non perfecte domino*; mais ils pourront purger les vices de leur titre par l'usucapion de dix à vingt ans.

Toutefois, le créancier lésé qui perd ainsi les avantages de la réalité de l'action révocatoire, conservera cependant tous ses droits contre le débiteur et les tiers qui, de mauvaise foi, ont participé aux aliénations qu'il a faites. La fraude dont ils se sont rendus coupables constitue de leur part et vis-à-vis du créancier, un engagement résoluble en dommages-intérêts.

Jetons maintenant un coup-d'œil en arrière, suivons à tra-
vers l'histoire la théorie de l'action paulienne.

Ce n'est d'abord qu'une simple clause testamentaire sacri-
fiée aux exigences d'une politique égoïste et jalouse : l'on ar-
rête la main d'un mourant, qui s'empresse de donner des li-
bertés, pour qu'à ses funérailles les bénédictions des affranchis
s'élèvent mêlées aux flammes de son bûcher. Le préteur, toujours avide de reculer les bornes de la loi pour envahir le
domaine de l'équité, favorise le développement de cette idée
féconde.

Notre vieux Droit français la reçoit des mains de Justinien,
éclairée sous toutes ses faces par cette brillante pléiade de jurisconsultes contemporains de Marc-Aurèle et de Caracalla, et
nourris dans les principes sévères de l'école du Portique.

Modifiée sous l'influence de règles nouvelles ignorées des
Romains, elle se développe encore et déjà commence à s'alté-
rer. Le droit intermédiaire, assez hardi pour créer cette belle
théorie sur les renonciations devant laquelle avaient reculé des
législateurs trop subtils peut-être, inscrit la règle ancienne à
côté des préceptes nouveaux qu'il a posés, mais il ne l'inscrit
que d'une main timide.

Le Code recueille l'héritage des uns et des autres; il associe
dans quelques formules empreintes d'un laconisme regrettable
des théories qui n'avaient rien d'homogène et n'ont cessé de
faire le désespoir des jurisconsultes à systèmes.

Aujourd'hui la jurisprudence a résolu la plupart des questions que soulevait cette matière. Elle a désigné ceux qui pourraient agir, ceux que l'on pourrait poursuivre; elle a compté
les exceptions à la règle et tracé les effets de la règle elle-
même. Elle a refusé, quoiqu'avec une certaine hésitation, de

voir dans ce droit anormal une simple action en dommages-intérêts; elle lui a reconnu, mais avec des effets moins étendus, ce caractère mixte propre à toutes ces actions qui ont pour but d'attaquer la transmission d'un droit réel.

Faut-il blâmer cette tendance de notre droit moderne à imprimer un cachet de réalité aux actions en nullité et en rescision? La trop grande mobilisation du sol, conséquence inévitable du système opposé, n'est-elle pas un péril à redouter? C'est un de ces graves problêmes que se posent aujourd'hui les économistes et les gouvernements. L'expérience pourra seule le résoudre.

Nous avons parcouru tous les principes du droit qui ont trait à la fraude. La probité naturelle les a dictés, et le législateur n'a fait que les transcrire; et pourtant, combien ils sont incomplets et variables! Quelle large part elle abandonne à l'arbitraire! C'est que la fraude, cet élément qui domine la matière et fait toujours plier la loi civile, ne comporte rien d'immuable. Tracer une règle fixe et précise serait dangereux, sinon impossible.

Comme ces fleuves inconstants qui changent sans cesse de lit, au mépris des digues qu'on leur oppose, la fraude saura toujours se glisser entre toutes les barrières. Elle nous rappelle aussi ces plantes parasites et vivaces que l'on peut détruire aujourd'hui, mais qui repoussent demain; elle est plus ingénieuse que la loi, et les textes seront toujours impuissants pour la découvrir et pour la combattre. Les espèces varient; les solutions sont dissemblables; la question de droit est étouffée sous la question de fait; le magistrat disparaît, c'est l'honnête homme qui juge, et l'on ne peut lui tracer qu'une règle : Qu'il dépose le livre de la loi, mette la main sur son cœur, et prononce!

FIN.

THÈSES.

I. L'action, dont s'occupe le § 6 des Institutes (IV, t. 6), est-elle l'action hypothécaire, comme le soutient Doneau? — Non.

II. Le délai de l'*experiundi potestas* commençait-il au jour de l'aliénation fraudulense, ou bien au jour où la vente des biens du débiteur avait fourni la preuve de son insolvabilité? — A partir de cette seconde époque.

III. Le bail partiaire continuait-il malgré la mort du preneur? — Non.

IV. Les personnes appelées à exercer des droits successifs subordonnés à la preuve de la filiation maternelle d'un enfant naturel, sont-elles recevables à administrer cette preuve? — Non.

V. Quand la nullité d'un mariage putatif vient à être prononcée, l'époux de mauvaise foi, conserve-t-il le droit de retenir les avantages que des tiers lui auraient faits en vue du mariage? — Oui.

VI. Les causes de reproches énumérées dans l'ar. 283 Pr. civ., sont-elles facultatives pour le juge comme pour les parties, ou doivent-elles si elles sont justifiées, être nécessairement admises? — Elles doivent l'être.

VII. La demande en séparation de corps, formée à la suite d'une première demande suivie de réconciliation, mais non terminée par un acte de désistement, peut-elle être repoussée par le motif que la première instance est toujours liée? — Non.

VIII. Les accusés en faveur desquels le jury a admis des circonstances atténuantes collectivement, ont-ils qualité pour attaquer cette déclaration? — Oui.

IX. L'individu poursuivi devant un tribunal correctionnel pour diffamation verbale contre un agent de l'autorité, peut-il être admis à prouver la vérité des faits diffamatoires, aux termes de la loi du 26 mai 1819 ? — Oui.

X. L'assistance judiciaire, pourrait-elle être réclamée par les établissements de bienfaisance ? — Non.

XI. Le droit des gens oblige-t-il un État, en l'absence de traités formels, à accorder l'extradition réclamée par un autre État, d'un individu accusé d'un crime ou d'un délit commis sur le territoire de ce dernier ?

XII. Si l'extradition d'un criminel est réclamée par l'État sur le territoire duquel le crime a été commis et par l'État dont il est le sujet, auquel de ces deux États l'extradition doit-elle être accordée ? — Au second.

Vu pour l'impression :

Le Président de la thèse,

C. AUBRY.

Vu ; 18 juillet 1851 :

Pour le Doyen en congé, le Professeur délégué,

G. P. HEPP.

Vu par le Recteur :

Strasbourg, le 21 juillet 1851.

NOUSEILLES.